岡山文庫

309

日本女子陸上初の五輪メダリスト

伝説の人 人見絹枝の世界

猪木正実

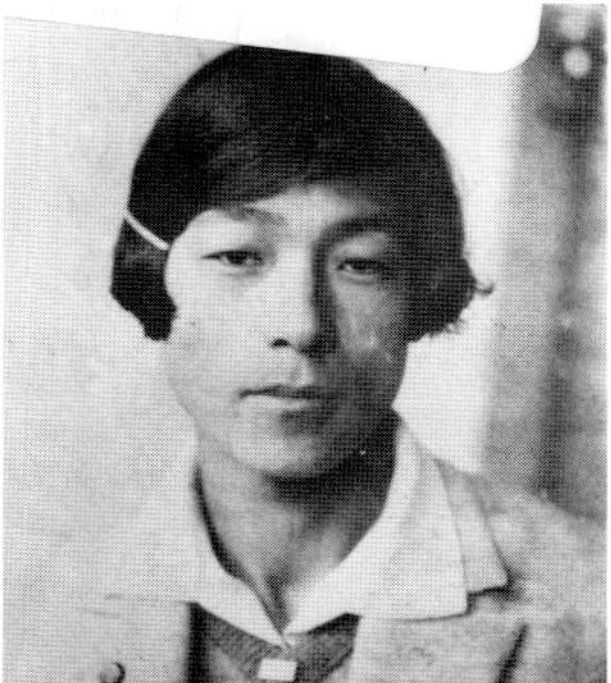

日本文教出版株式会社

岡山文庫・刊行のことば

岡山県は古く大和や北九州とともに、吉備の国として二千年の歴史をもち、遠くはるかな歴史の曙から、私たちの祖先の奮励とそして私たちの努力とによって、現在の強力な産業県へと飛躍的な発展を遂げております。

小社は創立十五周年にあたる昭和三十八年、このような歴史と発展をもつ古くして新しい岡山県のすべてを、〝岡山文庫〟(会員頒布)として逐次刊行する企画を樹て、翌三十九年から刊行を開始いたしました。

以来、県内各方面の学究、実践活動家の協力を得て、岡山県の自然と文化のあらゆる分野の、様々な主題と取り組んで刊行を進めております。

郷土生活の裡に営々と築かれた文化は、近年、急速な近代化の波をうけて変貌を余儀なくされていますが、このような時代であればこそ、私たちは郷土認識の確かな視座が必要なのだと思います。

岡山文庫は、各巻ではテーマ別、全巻を通すと、壮大な岡山県のすべてにわたる百科事典の構想をもち、その約50%を写真と図版にあてるよう留意し、岡山県の全体像を立体的にとらえる、ユニークな郷土事典をめざしています。

岡山県人のみならず、地方文化に興味をお寄せの方々の良き伴侶とならんことを請い願う次第です。

はじめに

　日本を代表する女性アスリートで、日本初の女性五輪メダリストとなった伝説の人、人見絹枝が生まれたのは、一九〇七年（明治四十）である。岡山市の南部、児島湾に面した農村の農家、人見家の次女として誕生した。

　その絹枝は、子供のころからちょっと目立っていた。女の子としては大柄、遊び友達はいつも男の子。そして人並み以上の身体能力を持ち合わせていた。おてんばでやんちゃで、それでいて甘えん坊。

　明治四十年代の日本といえば、国内的には明治維新の混乱がやっと落ち着き、日本全体が世界に目を向け始めたころ。明治から大正へ、時代の大きな変わり目でもあった。民権意識が高まり、そして大正デモクラシーが花開いた時期である。日本は、西洋列強に追いつくべく、国全体が国威発揚に燃え始めていた。そんな空気の中で絹枝は育てられ、成長した。一九二八年（昭和三）第九回アムステルダムオリンピック（オランダ）で、誰もが期待していた一〇〇メートル走にまさかの惨敗、最後の八〇〇メートル走に臨む絹枝の「何が何でも日の丸を！これでは日本に帰れない」の心境が分る。

絹枝は、村の小学校から、一九二〇年（大正九）、難関の岡山高等女学校に進む。ここで、テニスと陸上競技に出会う。テニスでは学校対抗戦の庭球大会を制し、また、頼まれて出場した陸上競技大会では、走幅跳で非公認ながら日本新記録を出す。その絹枝の非凡なる才能を見いだしたのが同女学校の和気昌郎校長だった。この慧眼から「岡山の人見」が知られることになる。

同女学校卒業後は、校長らの強い勧めで、二階堂トクヨが主宰する二階堂体操塾（東京）に入学する。その年、県の要請を受けて県女子体育大会に出場。ここでホ・ス・ジャンプ（三段跳）で世界新記録を達成、一躍時の人となった。

同塾卒業後は、一時、京都で女学校教員として勤めたあと、再度同塾に戻り二階堂を補佐、指導を受け、競技では世界記録や日本記録を数々更新。「日本の人見」の地位を確立。

一九二六年（大正十五）、絹枝は意を決して二階堂の元を去り、大阪毎日新聞社に入社する。アスリートとして生きる決断だ。絹枝、十九歳の春である。

そして同年、スウェーデン・イエテボリで開かれた第二回万国女子オリンピックに出場する。日本選手は人見ただ一人。しかし結果は、走幅跳は世界新で一位、立幅跳も一位など総合得点で優勝、名誉賞まで受賞した。「世界のヒトミ」と讃えられることとなった。

次は一九二八年（昭和三）の第九回アムステルダムオリンピックに出場する。ここで女子八〇〇メートル走で銀メダルを獲得、日本の女性として初めてのオリンピックメダリストとなる。この記録は、有森裕子の第二十五回バルセロナオリンピック（スペイン）マラソン銀メダルまで六十四年間破られなかった。

一九三〇年（昭和五）、チェコ・プラハで開かれた第三回万国女子オリンピックには、少女選手五人を引き連れて出場した。この派遣費捻出のためには事前に涙ぐましい努力を傾注した。一連の無理がたたって体調に異常を来し始めたのはこのころからである。

あまりにも過酷な活動のツケは、すぐ回ってきた。人見も不死身ではなかった。一九三一年（昭和六）春、大喀血をし、大阪医科大学附属病院に緊急入院。回復することなく同八月二日午後零時二十五分、帰らぬ人となった。

人見絹枝は、優秀なアスリートであったと共に、すばらしいジャーナリストであり、詩人でもある。いわれなきバッシングに耐え、日本の女性スポーツの振興と女性の地位向上に努め、女性にとっての新しい時代を開拓した。正に大正デモクラシーの華だった。

人見二十四年七カ月。その輝きを追う。

最後に残した句（『少女画報』投稿、最後の病床で）。

なすだけの事みな終へしこの體　今ややすまん友とたのしく

（敬称略）

目　次〇日本女子陸上初の五輪メダリスト　伝説の人　人見絹枝の世界

はじめに・3

第一部　アスリート・ヒトミ

その1　生い立ち／絹枝誕生〝女の子が川いじりしてどうなる〟・10
その2　岡山高等女学校時代／テニスに没頭〝関西一の前衛〟さん、陸上競技へも・15
その3　二階堂体操塾（東京）時代／祖母の死乗り越え〝六尺さん〟大奮闘・30
その4　〝大阪毎日新聞記者〟時代／「万国女子五輪」に単身で出場し個人優勝・40
その5　アムステルダム五輪／日本初の女子銀メダリスト〝世界のヒトミ〟躍動・54
その6　プラハ・欧州遠征／〝五人娘〟を引き連れて決死の三回目訪欧・74

第二部　日本女子スポーツの魁《さきがけ》・キヌエ

その1　人見絹枝を育てた人たち／名伯楽は岡女・和気昌郎校長ら体操科教諭・94
その2　〝郷土が生んだ陸の女王〟像4体／第一号は県総合グラウンド陸上競技場の前・107
その3　8・2（八月二日）の奇縁／銀メダル獲得と同じ日に「旅立ち」そして…有森裕子・115
その4　「十銭募金」キャンペーン／派遣費用一・五万円寄付金集めに東奔西走・118
その5　ジャーナリスト人見／「人見記者」行動力、記者感覚、筆力抜群・123
その6　偏見・差別に負けず／いわれなき誹謗中傷と戦い悲哀の涙も・128
その7　人見絹枝顕彰活動／母校・福浜小学校では「紙芝居」制作・132

第三部　ゴールへの旅立ち

〝軽井直子〟人生のゴールへさようなら！・142

参考文献・150

略年表・151

カバー写真…県立記録資料館提供（本文56ページ参照）

扉写真…温厚な表情の人見絹枝（人見家提供）

第一部　アスリート・ヒトミ

美吉野合宿で５人娘と戯れる人見
（人見家提供）

その1　生い立ち

絹枝誕生〝女の子が川いじりしてどうなる〟

人見絹枝は驚くほど文才に長けている。自伝『スパイクの跡』でも十分それをうかがわせる。子供時代についての記述である。

「幼い頃、よく家の前の小川の水を堰止めて、小魚を漁ったものです。あの時分は今と違って、鮒、鯰、鰻などいう魚が、随分沢山取れました。取った魚を喜んで家へ持ち帰ると、父から〝女の子が川いじりをしてどうなる。少しは算術でもしっかりなさい。そんなことでこれからの女がつとまりますか〟とよく叱られたものです」（『スパイクの跡』原文のまま、以下同）

人見絹枝は、一九〇七年（明治四十）一月一日、岡山県御津郡福浜村福成の農家で、父・猪作、母・岸江の次女として生を受けている。兄弟は、五つ離れた姉・寿江がいた。稲作を中心にイ草などを作っている中流農家である。

家は、岡山の中心部から流れてくる西川用水の支流が入り組んでいる福成地区にあった。家の北側と西側に小川が流れており、絹枝が堰き止めた小川とは、西側の水路のことだという。

同所一帯は、江戸時代に造られた児島湾干拓地で、南に広がる浦安や藤田地域などに比べて比較的古い開墾地だ。福成地区は、元は福成村だったが、一八八九年（明治二十二）に隣の福浜村と合併し、新しい福浜村（後に、岡山市に吸収合併）となっている。耕作作物は、米、麦、イ草が主体で、住民の大半は農業で生計を立てており、比較的裕福な農村地帯といえる。

人見家からは、約五百メートル南に児島湾の堤防と、そこに植えられた防風林の松林がよく見えた。堤防の先は海、児島湾が広がっていた。のどかな田園地帯だ。

人見絹枝が生まれ育った生家周辺。家は建て替えられており当時の面影はない。右側の水路が川いじりしたり飛び越えていたという小川

両親は勤勉な努力家だった。五歳年上で成績優秀な姉、人一倍かわいがってくれる祖父母、このような温かい家族に囲まれて絹枝はすくすくと育った。そして、生まれつき父親に似て体格が大きく、運動神経にも優れていた。

●得意科目は国語、理科、歴史、体育。苦手は算術

魚捕りは序の口で、用水路を飛び越えたり、田んぼにある水車の上に登る〝天下取り〟遊びでは、絹枝がだいたい一番。男の子らと喧嘩すると泣かされるのはまず男の子の方。木登りは男の子より上手。小学校に入学してからも講堂の中二階から平気で飛び降りる。おてんばで、それでいて甘えん坊。

そして成績の方も上の方だった。しかし、弱点はあった。国語、理科、歴史、体育は得意だったが、算術が苦手だったこと。こればかりは、勉強が得意だった姉から教えてもらわなければならず、薄暗いランプの下で分数を泣きながら何時間も教えてもらったとか。「へいぜいの仇をしっかり取られた

…」と絹枝。

福浜村立福浜尋常高等小学校に一九一三年（大正二）四月に入学し、一九二〇年（大正九）三月卒業する。そこで持ち上がるのが進路の問題。当時田舎では「女に学問は要らない」といわれていた時代である。しかし、進学については、小学校教師も勧めるし、何より絹枝が行きたがった。

猪作は、教育には理解のあった人だった。人見家には、親戚筋から婿養子の形で入り、村では人望があった。福浜村誌にも、一九二一年（大正十）当時、産業調査委員に人見猪作の名前が見られる。絹枝によると、村で何か問題が起きた時、父の顔でだいたい収まっていたという。村から一人か二人くらいしか進学しない中で、猪作は、娘の進学を認めた。

●難関をパスし晴れて岡山高等女学校に入学

そして絹枝は、四人に一人という難関をパスし、晴れて岡山県岡山高等女学校の入学許可書を手にする。この年、村から女学校に進むのは絹枝だけだった。

父は、仏壇の前に絹枝を呼んだ。

「御前も知っての通り女学校にやる丈の資力は此の家には無い、百姓一つで勉強なんか考へない村中の人から御前を女学校に入学さしたお父さんは色々の目で見られるにきまってゐる。しかし家には大した金はなくともたった姉妹二人、之から先の四年間ただしっかり勉強すればそれでお父さん初めお母さんも皆んな家中の者がよろこぶのだ、金に無駄をしないでしっかり勉強をするんだ」（『スパイクの跡』）

この言葉を聞かされて、「憧憬の県立高女に入学出来た歓びに感激し切ってゐいた私は、父の前に涙してそれを誓ひました」（同）と記している。絹枝、十四歳の春だった。

テニスに没頭〝関西一の前衛〟さん、陸上競技へも

人見絹枝にとってこの時期は、良き師との出会いの時である。そして「岡山に人見あり」と認められていく時期である。

岡山県岡山高等女学校（略称・岡女、戦後の学制改革で男女共学の現・岡山操山高等学校）は、当時、岡山県内の女子中等教育の中核として君臨していた。一九〇〇年（明治三十三）二月に高等女学校として設立認可を受け、同年五月開校している。

開校当初は、岡山市内の寺院内に間借りしていたが、一九〇二年（明治三十五）に同市大供（現・北区大供、岡山市役所本庁舎）に新校舎が竣工、県内の英才を集めた女子教育の中心的女学校となっていた。その分、学業でもスポーツでも、プライドは高かった。

人見が入学したのは、一九二〇年（大正九）四月で、学校創立二十周年に当たる年。当時から授業の程度は高く、中でも数学は上級の旧制中学の教科書を使う程で、東京女高師へは全国一の入学者数を誇っていたという。そして、世は、民の自由を求める大正デモクラシーが盛り上がりつつある時代だった。岡女の制服は、元禄袖の着物に、通称「県立」あるいは「大供」の象徴ともいえる黒線二本を裾に縫い付けたえび茶の袴。人見の女学生生活はこうして始まった。

●黒線2本入りえび茶袴、得意然と通学

たまたま隣村に一年上の上級生がいた。二人は毎日揃って片道一里半（約六キロ）の道を、あこがれの黒線二本の入ったえび茶袴で意気揚々として通った。「菜の畑を、れんげの路を穿き慣れない革の靴に、凡てのよろこびを込めて、田の中に働く人等に之みよがしに得意然と毎日の通学は繰返されました」『スパイクの跡』となる。この毎日の往復約十二キロの徒歩通学は、人

見にとってよい身体訓練になったようでもある。

あこがれの女学生生活。一学期は嫌いな学科だった英語もなんとか八十点、歴史は百点、講読も九十点とクラス上位の成績で終えた。学校生活にも慣れ、父との誓いも守れたとほっと一息入れたところ。

そんな中、二学期に入ると校内はテニスブームで賑わっていた。それもそのはず、前年、県下の女学校のテニス大会で岡女は、決勝で宿敵、岡山女子師範（略称・女師）に敗れていた。女師といえば、岡女とほぼ同時期に創立し、一時期同じ場所で競ったというライバル校の間柄。それだけに、岡女としては「今年こそ女師を！」と、生徒も教師も練習に夢中になっていた。

大会当日、人見も応援に出かけた。会場は女師のグラウンド。しかし、必死に応援するも、目にしたのはまたしても屈辱の敗戦。試合を見ていると、女師の選手の力の方が、岡女の選手を上回っている様に見える。負けず嫌いの人見にとっては、よけい悔しく感じたに違いない。

岡女の校舎全景（大供校舎を運動場から望む）
岡山操山高校百年史より

岡山高等女学校「学び舎の跡」碑。昭和11年から〝第一岡山高等女学校〟となる（現・岡山市役所本庁舎）

岡山県第一岡山高等女学校
学び舎の跡

岡女のテニス友達と（写真右）
人見家提供

人見の卒業写真（最後列の右端が人見。大正12.3.23）
岡山操山高校提供

敗戦を横目に、岡女の級友たちは、一人減り二人減りと、素っ気なく帰って行く。一方力及ばず敗れた母校の選手たちは校庭の一隅に取り残されたまま。人見は、物陰からこれら母校の敗者に対して涙を流していたという。「勝てば褒める、負ければ誹る。それはあまりに同情のない態度だ」と、人見は敗者への配慮、思いやりの必要性を強く感じた。

その明暗を目の当たりに人見は決意する。

「各学校選手の真剣な活躍振り等は余りにも私を惹きつけました。私も早く選手になりたいと思わず叫びました。到頭一晩中うつらうつら将来のテニス選手を夢見ながら明してしまひました」（『スパイクの跡』）

テニスにのめり込む人見の原点がここにある。

そうなると自前のラケットがどうしても欲しくなる。校内売店で一本一円三十銭で売っている。優しい母に頼み込んでそのお金一円三十銭也をもらい念願のラケットを手にする。母に言われたのは「買ってはあげるが、ラケッ

トなんかいうものを家に持って帰ると、皆に叱られるから学校に置いてお
け」。その時の嬉しさは例えようも無かったよう。

何時も机の横にラケットを置き、授業中もそっと手をやって確かめ、休憩時間には、場所取りのため真っ先にグラウンドに飛び出すーこんな調子。練習も熱心で、もともと天性の運動神経の持ち主だけに上達も早い。二学期の終わるころには、クラスの中で一、二番の実力になっていた。

二年になって早々の五月、二年の総担任でテニス部の部長だった教師に教員室に呼ばれる。ビクビクしながら前に立つ人見に教師は「今度貴方をテニスの本選手にしたいがどうです。家の方では許しますか」。人見の返事は即「ハイ是非さしてもらいます。家の方では別に何も申しませんでしょう」。

肝心の〝家の方〟はそうではなかった。祖母も父も母も姉も、皆テニスなるものには反対。しかし、それで引き下がる絹枝ではない。「私のたけはやる心は、家の者等の諫めなど受けつけませんでした」と強行突破。そして、

毎日熱心に練習練習に明け暮れる。

●和気新校長が就任、岡女の空気はがらっと前向きに

こんな中で、学校としても大きな転機がやって来た。校長が突如交代したのである。元来、古典的な良妻賢母型教育を重視し、運動は控えめだった杉山敦麿校長が津山中学校校長に転任、代わって女師の教頭だった和気昌郎が新校長として栄転してきた。一九二〇年（大正九）九月のことである。

この和気校長の就任で、岡女の雰囲気はがらっと変わった。新校長は「蛮殼な風装に性格の全部を現はしている」（『岡山操山高校七十年史』）と称され、とにかく情熱的でフレッシュ、考え方も前向きで積極的。自らラケットを持ってコートにも立つし、スポーツには関心が深かった。対外試合などにも積極的だった。この雰囲気が、人見を世界に羽ばたかせる大きな原動力になった。人見にとって、人生最大の恩師との出会いとなった。

岡女は、この年、テニスでは前年の副将を大将に据え、新参の人見は副将、また同学年の二人が三将となり、陣容を整えた。それから〝岡女に人見あり〟〝関西第一の前衛〟の伝説が作られていく。

人見を、テニスの人見たらしめたのは、大阪で開かれた第四回関西女子庭球大会に出場し、浮田・人見組として四回戦まで進んだことだった。前衛が人見で、当時身長は五尺六寸（約百七十センチ）近くあった。女子の平均からすると、頭一つ高かった。この高さにまかせてスマッシュを打ちまくる。一方の後衛は身長が二寸（約六センチ）程度低かったが、こちらは「頭で戦った」プレー。この絶妙のコンビが勝ちを呼び寄せた。

●テニス優勝、その時コートに仰向け大の字に

その時の様子は、同窓会誌「花たちばな」に次のように載っている。

「岡山県より出場せしもの女子師範、笠岡高女、本校の三のみ、前二校は不

運にして、第一回戦に敗れ僅かに我浮田人見組残り、本県の為めに善戦した。第四回戦に勝を譲りしと雖も、後衛浮田の沈着にして機敏なる打球と、人見の尤も鮮かにして猛烈なる前衛振りとは、敵膽を寒からしめた計りでなく、其の技は観衆や審判員に選手中傑出せるものと十分認められて、本校の為めに万丈の気を吐いたのは大に多としなければならぬ」（『岡山操山高校七十年史』）

人見の並外れた活躍振りが伝わってこよう。こうして対外試合での実績を積み、悲願の女師との対決の日を迎える。人見らは準決勝で、宿敵・女師の大将組を破り、決勝戦も勝ち抜き、優勝する。

「先輩、全校生徒も挙って泣いて喜んでくれました。決勝戦は訳なく片づいて、ここに私等は凱歌を上げたのです。その夜は寄宿舎で一晩中騒ぎ続けました」（『スパイクの跡』）という盛り上がり。

そんな対外試合での戦いぶりの一コマ。県北のライバル校だった津山高等女学校（後の津山高校）との対戦である。

「県内他校試合で津女組と岡山高女組の決勝戦が行われ、残念ながら津女組は敗れましたが、相手の前衛は後年陸上競技で世界に名を馳せた人見絹枝さんでした。試合終了の瞬間、テニスコートに仰向けに大の字に寝そべった人見さんの姿は印象的でした」(『津山高校百年史』)

また、声援を送る方からは「人見絹枝さん、平松菊枝さんの名コンビは鳴らしたものです。人見さんの場合はムラが多く好調子の時は天下無敵ですが、低調の時は見て居てハラハラするものでした」(『岡山操山高校七十年史』)と、当時の職員は懐古している。

●走幅跳に〝代役〟で競技会に出場、日本新記録で優勝

最終学年の四年になってから、意外なところから陸上競技進出のきっかけがやってくる。人見にとって初の陸上競技への挑戦だった。一九二三年(大正十二)十一月、十六歳の秋である。

この年、第二回中等学校女子競技大会が岡山の女師グラウンドで開かれることになっていた。前回の第一回大会では、郡部の女学校が優勝していた。このため「岡女は如何なる競技についても県下の覇者たらねばならぬ」とプライド高い岡女のこと、全校挙げて作戦を練っていた。

そこで、今度だけ陸上競技に出てくれと人見にまで代役の要請が回ってきた。なんとか母校のために出場してくれというわけである。〝母校のため〟という言葉にはめっぽう弱い人見のこと。当時、脚気気味だったのを押して出場した。トライしたのは、走幅跳。スウェーデン・イエテボリの万国女子オリンピックで、イギリスのガンを破って優勝した種目である。記録は四メートル六七で優勝。このレコードを見て関係者は驚いた。なんと当時の日本の女子の最高記録だったからだ。代役の十六歳のテニス少女が日本新記録（未公認）をたたき出した。人見の競技人生の中で、記念すべき初の競技会出場でもあった。人見の競技人生はここから急速に展開していく。「世界のヒトミ」

へと飛躍する胎動期であった。

●二階堂体操塾へ進学決定「ああ嬉しい」

この大会を最後に人見には、卒業後の進路選択の時が迫っていた。本人の考えは「女専の文科か女高師の文科」への進学。両親は、父が女師を、母が裁縫学校行きを希望していた。体操学校への進学は選択肢に無かった。

しかし、人見の天賦の才能を見込んだ岡女・和気校長や体操科の杉田常四郎教諭らが、熱心に東京・二階堂体操塾への進学を勧めた。何回も何回も家庭訪問を繰返しての説得に、絹枝も両親も共々折れて、東京遊学が決まった。良き師との出会い、涙ぐましい努力の結果であった。

二階堂体操塾からの入学通知を受けた人見は、正に天にも昇る心地になり「いよいよ私は二階堂先生の生徒となったのだ。ああ嬉しい、本当に嬉しい」(『スパイクの跡』)と綴った。

その3　二階堂体操塾（東京）時代

祖母の死乗り越え〝六尺さん〟大奮闘

人見が、父・猪作に連れられて二階堂体操塾（当時・東京府下松沢村松原）の門をたたいたのは、一九二四年（大正十三）四月だった。新宿から京王電車に揺られ約二十分、松原駅（現・明大前駅）に着いた。駅舎は無くホームだけの無人駅だったという。

広々とした武蔵野の地に細長いバラックの寄宿舎と大きな体育館、それに広いグラウンドがあった。塾はその後、専門学校を経て、現在の四年生大学（日本女子体育大学、東京都世田谷区北烏山）となるのは、戦後の昭和四十年代である。

この二階堂体操塾は、塾長の二階堂トクヨが、一九二二年（大正十一）、女子体育の指導者養成のための全人教育を実践するため、東京の代々木山谷に創設したもの。その後、開塾一年後の九月、不運にも関東大震災に見舞わ

二階堂体操塾時代の人見
日本女子体育大学提供

吊り輪の倒立。「世界一選手人見絹枝を見参させます。高いところから失礼ではございますが」と写真説明（大正14年）
日本女子体育大学提供

人見が学んだ当時の二階堂体操塾松原キャンバス（大正14年頃）

日本女子体育大学提供

れたため、一九二四年（大正十三）一月、松原の地に移転してきたばかりだった。整備途中といったところ。

二階堂トクヨは、一八八〇年（明治十三）生まれ、宮城県の出身。文科の教師を目指していた。ところが体操教師の声がかかり東京女子高等師範などで教鞭をとり、一九一三年（大正二）から体操研究のため約二年間イギリスに留学。帰国後は、理想とする体育の実現を目指して、二階堂体操塾を設立し新しい時代の女子体操教育に燃えていた。

ここに人見は、同塾の三期生として入塾した。最初の印象は「二階堂先生は健康そのもののような御体をして、而も何処となく意志の強さと、理知のひらめきとが、うかがはれました。私は、先生の偉大さに打たれて、この一年間生徒としての精進を誓いました」（『スパイクの跡』）。ここから、東京での寄宿舎生活が始まった。

●二階堂トクヨの偉大さに触れ精進するも不満や苦悩も

トクヨは明るくさっぱりした性格だった。皆、親愛の情を込めて「トクヨ」と呼んだ。叱る時は厳しく叱り、スパルタ式の教育が行われたが、叱り飛ばしても少し経つとにこやかな先生に戻った。ある時、トクヨは人見ら新しく入ってきた塾生に、そばを振るまうと言ってきた。「入塾のお祝いとしておそばをおごりましょう。出来るだけ食べてレコードを作ってご覧なさい」。喜んだのは人見ら若く元気な塾生たち。指定の店に繰り出して食べるは食べるは。レコードは九杯半、人見も七杯平らげた。翌日、九杯食べた友人が腹をこわしてトクヨの知るところとなった。「皆さんは意地が汚すぎます。物には程があります」。

このころの人見の体格は、岡女時代からやや成長し、身長は百七十センチを越えていたとみられ、学友たちから付けられたニックネームは〝六尺(百八十センチ)さん〟。女性の身長としてはかなり高い。

しかし、トクヨの偉大さに触れていた人見だったが、時が経つにつれてやや不満も出てくる。テニスの選手であり陸上競技の日本記録を持つ人見の気持ちの中には、選手としての技量を学び磨きたいという思いがあった。一方、トクヨの教育方針は、女子の体育教育のための指導者の養成がメーン。有名スポーツ選手の育成を主目的としてはいなかった。最初はこの双方の期待と認識のズレがぶつかりあっていた。

トクヨは〝何々選手〟と名の付く学生には好感情を持たず、良いこと悪いこと、全てが気に障ったらしい。人見も当然対象のひとりとなってしまい「一学期の三カ月間は随分苦しかった。二学期には、再び上京したくないと思いました」と振り返っている。

●トクヨ塾長、姿勢転換しトップ選手育成にも配慮

事態が大きく好転するのは、夏休み期間が過ぎてからのことである。

人見は一学期中のいろいろな思いを持って夏休みに帰省する。ちょうどこの期間、岡山県主催の競技講習会が岡山師範で開かれたため、体育教師になるため競技の勉強もしておこうと参加した。

釘のはえたスパイクシューズを母にねだって買ってもらい、記録保持者の選手から指導を受けた。人見がスパイクシューズを履いたのも、本格的な競技指導を受けたのもこれが初めて。競技指導者やアスリートを目指す者として、ここで吸収したものは大きかった。

夏休みを終えて塾に戻る時、祖母・縫《ぬい》は村はずれまで付いてきて、かわいい孫娘の姿が見えなくなるまで見送った。

人見は、二人の友人と共に岡山駅を出発したが、途中での食べ物が悪かったのか、名古屋あたりから腹痛と頭痛に見舞われ、ほうほうの体で塾にたどり着いた時には四十度二分という高熱。慌てたトクヨは、人見の実家に危篤の電報を打った。深夜の電報に驚いた祖母・縫は、懸命にお経をとなえ続けた。それで体調をくずし数日後にそのまま帰らぬ人となってしまう。

祖母の他界を知らされていない人見は、幸い授業に出れるまでに回復した。そうこうしている時に、人見当てに岡山県当局から一通の電報が届く。内容は、第五回陸上競技大会に出場して欲しいとの要請だった。しかし困ったのは人見だった。そうでなくても病の枕元で塾長のトクヨから「講習会などに出るから…言わないことじゃない」と言われていたばかり。

しかし、県当局からの要請を無視するわけにも行かず、トクヨに報告すると、意外にも「結構なこと。大いに行ってらっしゃい」と喜ばれ、金五円也の小遣いまでもらってしまった。飛ぶような気持ちで実家に帰ってみると、祖母の死という現実があった。絹枝は一時間も仏壇の前でさめざめと泣いた。

●三段跳で世界新記録、世界に知られる存在に

岡山県主催の陸上競技大会は、十月、岡山女子師範校庭で行われた。この

時ばかりは、テニスや競技に大反対だった父母や姉、義兄もみんな応援に来てくれたという。そこで出したのが、ホ・ス・ジャンプ（三段跳）で一〇メートル三二三の記録。これまでの記録は、アメリカのスタインが持つ一〇メートル三二三で、公式記録としてこれを破る世界新記録達成となった。

これは、新聞紙上でも大きく報じられ、女性陸上競技界で、人見絹枝の名前が世界に広がった一瞬である。十七歳での快挙だった。

体操塾に帰り恐る恐るトクヨの前に出ると、トクヨの対応は一変していた。「ようこそ、ようこそ上出来です」と大喜び。塾で人見のために茶話会まで開かれた。以後、トクヨは競技者育成つまり、トップアスリートの育成にも眼を向ける姿勢に転換していく。

人見は、こうして競技者としての技量を高めつつ、各種競技大会に出場し、記録を残していく。一年間の同塾での修業を終え、体操塾を卒業し体操教師となる。

トクヨは、人見が一人前になるには「他人のご飯を食べなくてはダメです。一年間だけ勤めてきなさい」と、京都市立第一高等女学校（現・京都市立堀川高等学校）に体操の教師として就職させる。一九二五年（大正十四）三月、月俸は七十円だった。初めての京都での下宿暮らしが始まった。

●台湾各地で体操の実技講習、その後アスリートへの道決断

同女学校では、教師として毎日熱心に競技の指導をする傍ら、競技用の砂場を整備したり、グラウンドの草取りにも取り組んだ。一番やりにくかったのは、同校には専攻科があって、人見より年上の生徒が多かったこと。そして放課後はバレーやバスケットの指導をしてから、自分の練習にも励んでいた。

一学期が終わるころ、恩師のトクヨから急に手伝って欲しいとの要請があり、約四カ月間教職を勤めただけで再びトクヨの元に帰っている。トクヨは当時、体操塾を専門学校に昇格させることに全力を尽していた。人見は研究

生の肩書きでトクヨの片腕として昇格運動をサポートした。

この間、トクヨに代わって当時日本の統治下にあった台湾に出向き、各地で体操の実技講習を実施している。このころ、トクヨは人見を、自らの後継者に育てたいとの意欲を持っていたと思われる。

体操塾で、トクヨ塾長の傍らに控え「顔の長い恐ろしく背の高い若い女性がつつましやかに傍らに控えて」話をニコニコ聞いていたというのが人見のこと。そして、人見と机を並べて、手伝っていたのが、後に人見について行く藤村てふ（後の「蝶」）である。

念願だった専門学校への昇格は、一九二六年（大正十五）三月、東京女子体育専門学校（現・日本女子体育大学）として認可された。これを契機に、人見はアスリートの道を目指すことを決め、恩師・トクヨの元を去る決断をする。大阪毎日新聞社に入社するのは同年五月。人見まだ十九歳だ。

その4　〝大阪毎日新聞記者〟時代

「万国女子五輪」に単身で出場し個人優勝

スウェーデンのイエテボリで開かれた第二回万国女子オリンピックでの人見の成績は、画期的なものだった。走幅跳と立幅跳が一位、個人も総合優勝。東洋からやって来て、何か不思議な雰囲気を持つ〝ミラクル・ガール〟が、全てをかっさらった感じである。世界に日本女性を知らしめ、日本国民にもオリンピックの存在を認識させた意味は絶大だった。「世界のヒトミ」の登竜門であった。

一九二六年（大正十五）七月八日午後八時、大阪駅発下関行急行。多くの人たちによる盛大な見送りを受けて、人見は大阪駅を出発する。スウェーデンで開かれる第二回万国女子オリンピックに出場するためである。

人見は、この万国女子オリンピック出場について、青天の霹靂とか「最初

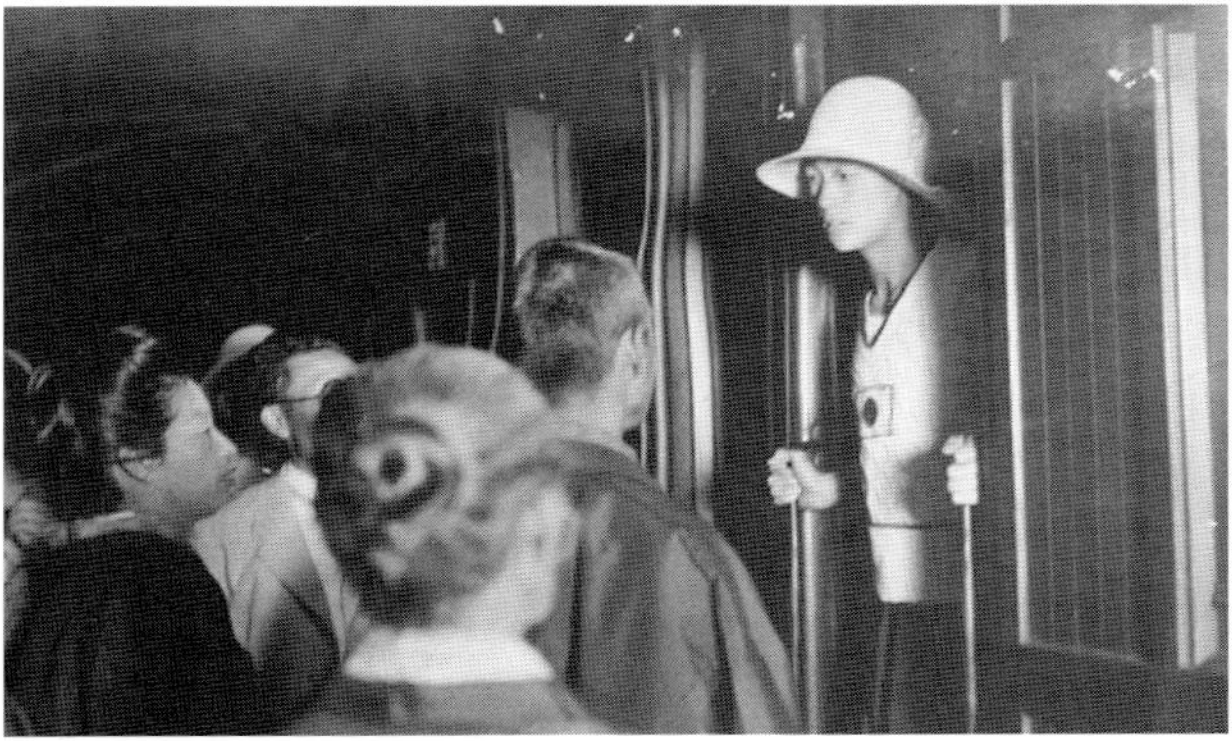

第2回万国女子オリンピック出場のためスウェーデンに旅立つ人見を見送る人たち
（岡山駅、大正15年7月） 県立記録資料館提供

岡山に凱旋した人見を歓迎する人たち（岡山駅前）
「山陽新報」大正15年9月30日付

山陽新報

歸郷に錦を飾った人見絹枝嬢

ゆふべ故郷の土を踏んだ
我等の人見絹枝嬢
驛頭歓迎者の群に埋まる
嬢の雄々しき姿に萬歳の鯨波を作る

人見嬢本社訪問
市役所その他を歴訪して挨拶

三好野茶屋で校友の歓迎會

苦しいことがあっても
あの時の事を思へ
何でもないと嬢は

實家に
花壇に

は心からおことわりした」と記している。しかし、その後の父・猪作の「翌年、スウェーデンで開かれる世界女子オリンピックに出場するためであったことを後で知りました」という述懐を見ると、大阪毎日新聞社に入社する時には、既に出場は既定路線だったよう。五月入社、六月には派遣が決定、そして七月には出発というハイスピードである。

人見十九歳、いくら世界記録や日本記録を持つといえども、うら若き少女である。期待と不安、心細さが入り混じるイエテボリへの路だ。その道すがらを追ってみる。

●初の海外遠征、不安いっぱいシベリア鉄道の旅

当時の欧州への旅は、陸路が朝鮮から満州、シベリア鉄道経由、海路（船）が香港、インド洋、地中海経由だった。人見は陸路を採った。道中、不安と戦いながら、海外での初体験や未知との遭遇を結構楽しんでいる。

七月十四日、当時の満州（現・中国東北部）の満鉄傘下にあったハルピン（哈爾浜、満州）に到着。当地の運動大会に参加している。観衆は、日中露三カ国の人たち約三千人。この中で、当地としての女子のレコードを更新、見物の在留邦人を喜ばせ、胴上げされたうえにトラックを一周させられたには「ただ恥ずかしいばかり…」。

しかし、ご当人にとっては満足のいくタイムではなかったためか「世界の檜舞台に出るのにいよいよ不安が増すばかり」と心を揺らす。一週間の滞在中、練習はずっと欠かさなかった。

七月二十一日、本格的なシベリアの旅に出発する。前日、車中で使うヤカンやパン皿、ナイフなどを調達、午後八時五十分、これまた在留日本人約八十人に「ぜひ勝って帰れ」の激励に送られ、ハルピンを後にした。行動を共にしたのは、病院長と大学助教授と人見の三人。人見がたった一人で欧州遠征したのではない。

一行はハルピンからロシアとの国境の町、満州里からロシアに入り、八日間のシベリア鉄道の旅になる。停車駅ごとのウオーキングは必ず行う。バイカル湖に青い草原に純白の羊、「美しい絵だ」と見とれているうちはまだしも、男女三人組「ああ雄大なシベリアよ、無限の広野よ…」「地平線の彼方から満月が浮かび上がる…」も、数日経てば飽きてしまうものらしい。

●モスクワ到着「聞くと見るとは大ちがい…」

ロシア革命後の首都・モスクワには二十九日午後二時到着。人見は、二人と別れて、大阪毎日新聞社モスクワ特派員、黒田乙吉夫妻の出迎えを受ける。この黒田氏、本社から「人見に同行せよ」との指示を受け、人見のマネージャー的仕事を担当することになる。

人見のモスクワ見聞の感想である。

「到着する迄私はやれ赤化とか過激派とか、又は労農政府の手きびしい政策とか、さんざん人々からきかされてゐたのでソヴエット、ロシアとはどんな恐ろしい所だろうかと思ってゐた。人々の着物も真っ赤なんだろう、體の色も、腹の中迄みな赤くて到る所で人殺し、喧嘩等があるのだと思って、このモスコーの地に足をふみ入れたのだったが、聞くと見るとは大ちがひであった」(『スパイクの跡』)。

この間、黒田マネージャーは、全く門外漢のことばかりだとして、英語の競技の本を真剣に勉強していたとか。

モスクワ・黒田邸に数日滞在し、レニングラード、ストックホルム経由で、目的地のスエーデン・イエテボリに八月四日到着する。イエテボリは、スウエーデンではストックホルムに次ぐ第二の主要都市。スカンジナビア半島の南端に位置し、大航海時代から港湾都市として栄えた歴史ある街である。

七月八日大阪を発って約一カ月の長旅であった。

ストックホルムの日本公使館に挨拶に行けば「スウェーデンの女子体育は

恐ろしいほど盛んだ」と聞かされ、またまた不安になる人見。イエテボリでは、さっそくオリンピック委員会を訪ねた。

●「貴方は日本の婦人ですか…」認識の差にビックリ

車から降りると正面には、日本とスウェーデンの国旗が翻っている。日本から出て初めて目にする日章旗に感激する人見。事務所ではオリンピック委員会のリリエ委員長らがお出迎え。

委員長から出た言葉は「人見さん、貴方は日本の婦人ですか…」。不思議なことを訪ねるなといぶかしがる人見。ともかく「イエース」。すると委員長「はあ…そうですか、私は日本の女は背の低い體の弱い人許りと思っていたが、貴方のような婦人が出来たのですか…日本も運動が盛んになったものですね」。人見、今度は力強く「イエース!」。

日本女性に対する認識の差を知らされた人見だが、周辺をよく観察すると、レストランの壁には日本婦人と中国婦人とを混ぜ合わせたような写真とか日本の芸者の絵などがいっぱい。街を歩くと、人々が、何か珍しそうに顔をのぞき込んでいく…「私は又大きな責任をしみじみ感じ始めました」という。

当時の日本女性に対する欧州人の一般的イメージが、そのようなものだったけに、欧州人に引けをとらない大柄で洋装の人見を前にして、欧州人は一様にビックリしたようだった。何か、東洋からやって来た〝謎めいた女性〟〝ミラクル・ガール〟と受け取られたのだろう。

大会開会まで三週間あまり。この過ごし方が勝負となるはず。人見は「この間の利用が上手であればある程、来たるべき大会には立派に働けるのだ…。若しこの間を怠る様な事があったならば、私は再び日本に帰ることが出来ないのだ」と練習に熱を込める。

人見の練習には、地元の男子選手たちが手伝ってくれる。初の海外戦だけに、日本でいう「位置について、ヨーイ、ドン」というスタートの合図からして、スウェーデン方式（「プイエドラ・プラッチセル、フエリヤー、ゴー」）の号令を教えてもらわねばならなかった。

そんな中、レトアニアの選手団と出会う。団といっても総勢四人。聞くと、選手団が国を出る時、言われたのは「レトアニアという国がこの地球上にあるということだけを四名で行って知らせてこい。勝たなくて良いから」。人見は「勝ってこい」と送られた自分の身に引き比べて、涙がにじむのを覚えたという。

●「しっかり日本のためにやれ」激励電報に勇気百倍

そして大会前日。

本社に長文の電報を送った。「私は大きな責任を感じ、最善を尽くして祖国の女子の為に飛躍を期して居ます」。すぐ大阪・大阪毎日新聞本社からは「しっかり日本の為にやれ」の返信が来た。激励の電報に勇気百倍だった。

夜…。いつもより早くベッドに入った。「どうしても寝付きが悪い。早く寝よう。とうとう時計は十一時…ああ早く寝たい…と思ったら涙が出てきた。一時半だ…然し幸いな事には神様は矢張り守って下さる。一時半以後私は何も知らず眠ってしまった」(『スパイクの跡』)。

大会当日。まず開会式。八月二十七日午後五時から始まる。五万人の大観衆が見守る。

入場行進は、先頭に開催国・スウェーデン選手団六十人が大国旗を掲げ入場、続いてイギリスの約三十人が大英国旗を持って続く。人見は、フランス選手団とレトアニア選手団の間に挟まれて、日本代表選手としてたった一人で堂々の行進となった。日本は、アジアから唯一の参加国だった。

掲げる日章旗は二尺(六十センチ)四方とかなり小ぶり。それを抱くようにして行進しなければならなかった。

「ほんとに寂しかった。どうだ、私はたった一人きりの日本の選手だ。一人でもかまわない。元気にやろう、もしこの三日のうちに私が傷つくことがあったら、又いやしい行ひをしたなら誰が外に此の日の丸を守ってくれるであろうか。死んでも生きてもこの御旗の為に働いてみやう」(『スパイクの跡』)。

幾度か涙が頬を伝うのが分ったという。選手宣誓があって競技はスタートした。人見が苦労したのが、一番得意としていた走幅跳だった。大会二日目、砂場は二日前の雨で最悪のコンディションになっていた。

予選は、人見五メートル三三、ガン五メートル四三で通過。二人は決勝で対峙することになった。あと三回飛べるが、この三回でガンの記録を超えなければ勝てない。ガンとてまだ記録を伸ばしてくるかもしれない。人見は五メートル七五のベスト記録を持っていたが緊迫の勝負となった。

四回目。人見は不覚にも五メートル一八に留まってしまった。一方ガンは五メートル四四まで伸ばした。加えて五メートル二八を出した選手も追ってきた。残るは二回のみのチャンス。五回目。人見は渾身の力を込めたが結果は五メートル三一、加えて右手を負傷してしまった。ガンも記録を伸ばせず、六回目に全てがかかった。

●走幅跳、渾身の最後の一跳びで逆転優勝

六回目、最後の一跳びである。人見サイドにはスウェーデンやチェコ、レトアニアなどの選手、ガンサイドにはフランスなどの選手が集まりそれぞれを激励。七万人近い観衆も見守る。人見が最後の助走路に着く。

人見の脳裏には応援してくれる人たちの顔が去来する。「走幅跳できっと勝て！と言って下さった本社の方々にも世間の人等にもどの様に言って詫びられよう！ああ最後だけを…」涙が絶えない。夢中で走り出す。と、最後の一躍、ぴったりと踏切板に右足が合った。跳べた。記録は五メートル五〇、逆転してトップに立った。

最後はガンの一躍が残るのみ。ここでガンが人見の記録を上回らなければ、

人見の優勝が決まる。ガンの助走が始まる。踏み切る、その時、踏切板の前に足が出た。「ファール！」その瞬間、人見の勝ちが決まった。

注目していた七万人のスタンドは、観衆が一斉に総立ちになって割れるようにどよめくような拍手がしばらく止まらなかった。「ハロー！人見！ヒトミ」の声の中に日章旗が君が代の演奏と共に掲げられた。人見と黒田マネージャーは泣けるだけ泣いた。

三日間の大会の人見の結果は、走幅跳一位、立幅跳一位、円盤投二位、百ヤード走三位など。こうして、人見は総合得点十五点を稼ぎ、個人優勝者に輝き、大会会長から名誉賞を授与された。〝日本の人見〟から〝世界のヒトミ〟へ、世界に強力なアピールができたのだ。

お別れのバンケット（晩餐会）で、国際女子スポーツ連盟のミリア会長は「日本選手人見嬢の活躍がどの位この大会に光彩を与えてくれたことか！」と、涙を流して讃えた。ちなみに参加八カ国の国別成績は①イギリス五十点（参加者二十五人）②フランス二十七点（同十三人）③スウェーデン二十点（同十六人）⑤日本十五点（同一人）。八月三十一日、お礼の挨拶回りを済ませた後、懐かしい一カ月間の滞在地、イエテボリを深夜出発、ベルリン、モスクワ、シベリア経由で帰国の途に着いた。帰国は九月二十九日だった。

●奮い立て、日本の婦女子、目覚めよ我友よ

日本女性としてただ一人参加し個人優勝、日本女性のオリンピック出場に道を開いた人見が、次の女子オリンピックに向けて書き残した文がある。「多数の出場者のあらんことを祈って止まない。それには今後尚吾等は幾多の苦しみと、幾多の努力を払わねばならぬ、現在の儘では到底檜舞台に上がることは不可能である。技術の進歩、レコードの向上……共に望むべきものではあるが、更に私は女子スポーツの精神の作興に努力す可きであると考える…奮ひ立て、日本の婦女子！眼覚めよ我友よ」（『スパイクの跡』）。

その5　アムステルダム五輪

日本初の女子銀メダリスト〝世界のヒトミ〟躍動

一九二八年（昭和三）、人見は第九回アムステルダムオリンピック（オランダ）に挑戦する。正に〝世界のヒトミ〟が輝き躍動する時期で、日本の女子陸上界初のメダルを確保する。同オリンピックでは、その人見に刺激されて男性陣も日本人初の金メダルを獲得する。人見にとって正に勝負の年であり、その裏には谷三三五（たに・ささご）コーチの尽力もあった。人見、二十一歳の春である。

同年四月、人見は、奈良県吉野郡上市町（現・吉野郡吉野町）にあった美吉野運動競技場で事前のトレーニングに入っている。同グラウンドは、当時、吉野鉄道（株）（後に近畿日本鉄道（株）と合併）が運営しており、日本でも有数の施設だった。

奈良・美吉野運動競技場。右手前がグラウンドで奥手は野球場。この競技場で、合宿が行なわれ競技大会があり多くの名選手を育てた（「紀の川」の河川敷）
近鉄グループホールディングス提供

同グラウンドで、男子短距離界の巨星、谷三三五コーチの本格的な指導を受けるためだ。人見は、谷コーチの自宅に泊まり込み、アムステルダムオリンピック出場を夢見ながら厳しいトレーニングで身体の調子を整えている。ちなみに、陸上競技選手が専任のコーチを付け指導を受けるのは、人見が初めてである。

そして、五月に入り同所で開かれた第五回日本女子オリンピックで、世界新記録（四〇〇メートル走）や日本新記録（走高跳）を出し、その後、オリンピック出場選手選考も兼ねて大阪で開かれた全日本陸上競技選手権大会でも世界記録を連発。オリンピック出場を確実にしている。

●五輪へ女性初参加、日本は人見一人のみ

この時、出場が決まったのは全十一人で、女性は人見ただ一人。男性陣には、織田幹雄（三段跳など）南部忠平（同）山田兼松（マラソン）らの名が見える。

これまで、従来のオリンピックへの女性の参加は、第八回パリ大会まで認められていなかった。これに対し国際女子スポーツ連盟（ミリア会長）らが女性の参加を強く要請、これを受けてアムステルダム大会では種目を限って試験的に女性参加を認めることにしていた。それで、人見ら女性選手の参加が決まったもの。

出場が決まった人見は、五月二十五日、母校の岡女で開催された送別会に出席、その後、後輩らに模範走行を見せコーチをしている。

人見ら選手団一行は六月一日、アムステルダムに向けて前回同様、大阪駅から旅立った。多くの人たちに見送られての出発は、二年前のスウェーデンへの時以上の盛り上がりだった。同じく岡山でも、人見は父、姉、祖母らに加えて、母校の恩師らにも見送られた。シベリア鉄道経由で欧州に入り、ロンドンに到着したのは、六月十六日。

人見はロンドンに約一カ月間滞在し、この間インター・クラブの各種競技

母校・岡女グラウンドでアムステルダムオリンピック出場の
送別会の後運動部員にコーチする人見（昭和3年5月24日）県立記録資料館提供

岡女で講演の後在校生と校庭で。人見の右奥に山本正一教諭（昭和3年5月）
県立記録資料館提供

受講者を泣かせたといわれる 母校岡山高等女学校での講演（「花橘」より）

会や全英女子選手権大会などに参加、スウェーデンで競った親友・ガンとも交流、多くの経験を積んでいる。これは、英国に留学し学んだ恩師・二階堂トクヨの足跡をたどり、自らも学び実体験したいという人見の強い希望から実現したものと思われる。「ロンドンの一カ月！私にとっては大帝国の婦人として世界にほこる英国婦人から教えられた事も多くありました」（『スパイクの跡』）と記している。

●意気上がる選手団アムステルダム入り

勝負の地、アムステルダムに到着したのは、七月十八日。日本選手団が拠点を置いたのは、アムステルダムの波止場から、一銭蒸気に乗って運河を行くこと約三十分、そんなところにあるザンダムという田舎町だった。そして選手団ともどもコンディションづくりは、順調すぎるほど順調に推移した。人見の一〇〇メートル走のタイムも好調に伸びていた。

全員のテンションも上がってきた。

「今迄私は身も心も全部百米一つに打ち込んで来ました。ただ此のオリンピックの百米あるが為に私は生き、私は努力して来た。然し之も間もなく実現するのかと思ふと、嬉しくてならない」（『スパイクの跡』）。

七月二十八日。オリンピック開幕。入場式が行われた。

人見の出で立ちは、この日のための英国仕立て。上着は純白で縁を赤で綴り、胸ポケットには日章旗を織り出したマークを付けた。スカートも純白。これは日の丸カラーの白と赤から採ったもの。それに靴下、靴、そして無帽。

男性陣はパリ仕立てで、燃えるような派手な上着にまっ白なズボンに白の靴、麦藁帽にリボンを付けた姿。ザンダムから会場まで車で日章旗をたなびかせ、「此処は御国の何百里！」（軍歌・「戦友」）高昌しながら意気高く開会式場に乗り込んだ。正面スタンド前を行進する約四十人の日本選手団の意気は、他の列強勢に少しもひけをとらなかったという。

いよいよ大会二日目（七月三十日）、人見が打ち込んで来た運命の一〇〇メートル走の日。

朝、竹内監督から掛けられたひと言は「人見さん、貴方が日の丸を上げてくれなかったならば、もう外に日本選手には日の丸も、君が代も與へられないのだ。どうか今日の百米にはそのつもりでベストを尽してくれ」（『スパイクの跡』）。ホテルのコックまで「人見さん勝っていらっしゃいよ、勝ったら小豆と餅が用意してありますから赤飯と雑煮を作ってお祝いしますから」（同）。

気持ちの端に不安が無いことは無かったが、気力の方が遙かに勝っていた。

●期待の一〇〇メートル走まさかの準決勝敗退

レースがスタート。第一予選は最後少しスピードを緩めるくらいで楽々一位通過。勝ち残ったメンバーを見て、作戦は次の準決勝をなんとか勝ち抜けば、決勝は全力勝負できると読めた。が、準決勝のメンバーがかなりの実力者ぞろい、一抹の不安はあった。

その準決勝。スタートラインに着いた。一斉にスタート、全力で約五十メートル走ると左右に誰も見えない、先頭だ!。人見の心に一瞬の〝隙〟が見えたのかもしれない。六十メートルになると左に追ってくる選手の影、それが七十メートルとなると並んでくる。ほんの次の瞬間、前に出てきた、それも二人。もう九十メートルは過ぎていた。

必死に追いつこうとしたが、もうそれはかなわなかった。結局、最大のライバルとしていた選手にも抜かれて四位。決勝進出は泡と消えた。「もう目の前は真っ黒になって奈落の底に落ちたような気持ちであった」(同)。夕食も食べずベッドに入って泣けるだけ泣いた。生まれて初めて、敗者の悲しさを心から味わった時…。

しかし、人見の意識は「百米に負けましたといって日本の地を踏める身か、何物かを以て私はこの恥を雪ぎ責任を果たさなければならない」(同)だった。

悩みに悩んだ末、次の日の夜、竹内監督に、本格的レースとしては初めてという八〇〇メートル走レースへの出場を懇願した。「死の覚悟をもって」という人見の決意に、監督も認めざるを得なかったのだろう。

八〇〇メートル走の決勝は第五日目に行われた。八月二日。前日の予選は、一〇〇〇メートル走の時と同様、余力を残して通過したが、決勝は有力選手ばかりが残り、一つの記録も持っていないのは人見だけ。それだけ厳しいレースが初めから予想された。

朝は例によって全員に見送られて出発。レースは午後二時半から。この五日目は、走幅跳などの南部、織田両選手もほぼ同時刻にフィールドに立つことになっていた。

レース前の監督のアドバイスは「(八〇〇メートル走の)練習のしてない貴方はきっと誰よりも足が疲れてくるに決って居る。然しその時は手を振る事を忘れるな。手さえ振れたならもう大丈夫、足もそれについて行くから、それ一つを忘れるな！走って走って走り抜け。ゴールに入るなり倒れてもそこは先生が引き受けてやる」（同）だった。

●骨を削り命を縮めて激走に激走、銀メダル

号砲一発。九人が一斉に飛び出した。一周した四百メートルでも九人が半メートルの間にせめぎ合っていた。人見は六番手。残り一周となったあたりから、接戦の中で四位に上がり、よく見ると先頭のドイツ・ラドキは十五メートルも先、二番目のスウェーデン・ゲントゼルも四メートル先を走っている。

ここから人見の追い上げが始まる。しかし、足はもう限界と思った時、監督の「手を振れ」の激がよぎった。第三コーナーから前方の二人を懸命に追いかけ、第四コーナーを回ると、前を行くゲントゼルをとらえた。

人見はその時の様子を伝える新聞記事を大事に残していた。

第9回アムステルダムオリンピック女子800m走決勝。 独・ラトケを追い越せず2位でゴールする人見。ゴール後に多数の選手が倒れ込むという過酷なレースとなったため女子には過酷過ぎるとしてローマ大会まで行なわれなくなった。人見は五輪史上日本女子初のメダリストとなる　毎日新聞社提供

アムステルダムオリンピック
の「銀」メダル　表

没後70年を前にした
2000年 生家で発見された

「銀」メダル　裏

「我等は声を限りに人見！人見！と連呼した。此の時である、彼女の唇はキット結ばれた。そして瞬瞬間間第三位を抜いて第二位に迫った。第四コーナーを出ると綺麗に第二位を抜いてストレートコースに入った彼女は、十五米先の第一位ラドキに追い縋らんと力走をつづけた。ほんとに力走と云うのはあれであろう。一歩、一歩骨を削り命を縮めて近づいていく、精かぎり根かぎり追ひすがって行く、これが大和魂の発露でなくて、何であろう！十五米の差を僅かに二米に縮めていま一息と云う所で決勝線に入った」（同）。

この時、ラドキ、人見始め全員がゴールの後倒れ込んでしまい、以降、女性にとって過酷過ぎるとして女性の八〇〇メートル走そのものが行われなくなったというといういわく付きのレース。

人見も「抜いたと思ふた瞬間！私は目が見えなくなった。それから先は何事も覚えてゐません」（同）。同じフィールドで目撃した南部と織田の二人が、倒れた人見を抱え上げ、三段跳の場所まで運んだ。その後人見が目にしたのは、スタンドの三本マストに上がる日章旗。中央にドイツ、左に日本、右にスウェーデンの旗が翻っていた。

●織田、人見のメダル世界に日本の存在を強く印象づけ

「二等になったかと思うと嬉しくて人前も憚らず泣き出しました。ああ！之で幾分の責任を果たしたのだ！よく走れた！先刻迄の悲しみが一緒になって益々泣かれるのでした」(同)。この人見の激走に触発されたのか、この日は、三段跳で織田が優勝、メーンマストに日章旗を揚げている。日本人が初めてオリンピックで金メダルを取った瞬間となった。

ザンダムに帰ると、街の子供たちまで手に手に日の丸の小旗を持って出迎え、ホテルの食堂には大きな百合の花籠が二つ飾られていた。料理はやっと出番が回ってきた赤飯と雑煮。「一口戴いては君が代を、一口すれば君が代を！あの夕食位お美味しかったものはありません」(同)。

谷三三五コーチ（中央）と人見。右端は“暁の超特急”の異名を取った天才スプリンター吉岡隆徳で、美吉野運動競技場でのスナップ。整地ローラーに腰掛けて一服中
備前市立伊里小学校提供

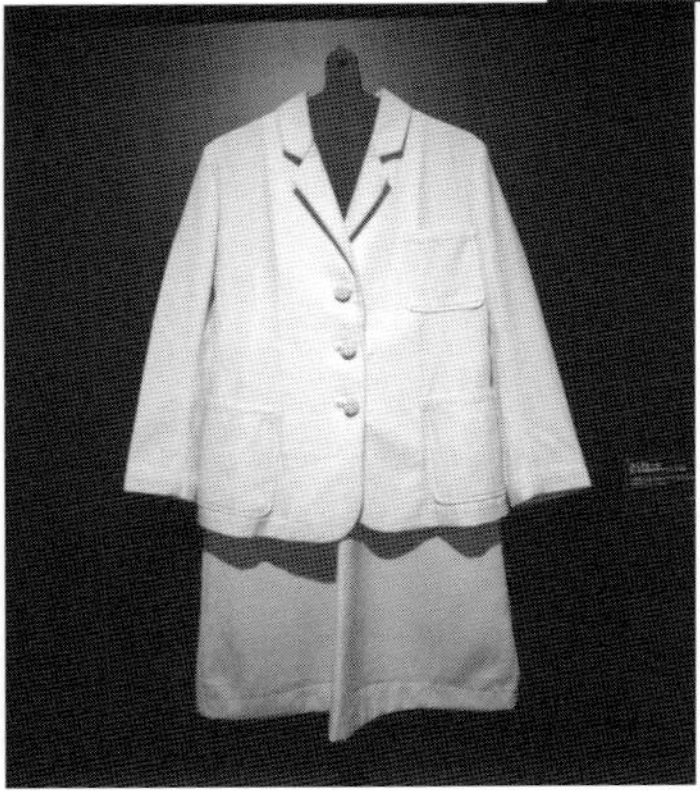

オリンピックウェアー。入場行進に着用したものだが、戦中、仕立て直しされやや小ぶりになっている
県総合グラウンド「遺跡＆スポーツミュージアム」

アムステルダムオリンピックの後、講演やコーチのため全国を飛び回る中での憩いのひととき（昭和3年9月とみられる）日本女子体育大学提供

アムステルダムオリンピックはこうして、人見や織田の活躍によって、世界に日本の存在を強く印象付けたのだった。世界のヒトミはこのあと、世界女子競技界の重鎮で世界女子スポーツ連盟会長のミリア夫人に会うためパリに向かい、現地の競技大会も見学。陸上選手らと共にベルリン、シベリア鉄道経由で八月十九日、日本に凱旋した。

その6　プラハ・欧州遠征

〝五人娘〟を引き連れて決死の三回目訪欧

一九三〇年（昭和五）七月二十五日午前九時四十六分、君が代と万歳に送られて、汽車は動き出した。チエコ・プラハへの長い旅の出発である。そこには第三回万国女子オリンピックが待っている。今回は、世界の女子スポーツ競技界をぜひ体験させようと五人の少女アスリートを引き連れて行く。

人見にとっては三回目となる訪欧であり、アスリートとして、またリーダーとして自らの活動の集大成の様な新しい挑戦であった。結果は骨を削り命を縮めた過酷な欧州遠征となった。

人見は、祖母の教えに従って出発の日の朝、いつも通り梅干しを鯛のお頭付と一緒に食べている。一行は、同日夜、関釜連絡船で大陸に渡り、奉天、長春、ハルピンを経て満州里からシベリア鉄道経由でモスクワ、ワルシャワ入り。オリンピック開催の地、プラハに着いたのは八月十一日だった。

この間、人見はハラハラどきどきの連続だった。これまでの遠征では、自分のことだけ考えていればよかった。しかし、今回ばかりは、まず、預かった五人娘を無事に連れて行き、連れて帰らねばならないという重責があった。

五人のメンバーは、本城ハツ（十九歳）中西みち（十八歳）村岡美枝（十八歳）渡邊すみ子（十五歳）濱崎千代（二十歳）。いずれも、選考大会を見事勝ち抜いてきた、当時の女性のトップアスリートたちである。

そして、次が自らの成績。前回の大会で最高の成績を残しているだけに、周囲の注目度も高く、その期待にどう応えるか、この不安。もう一つ、五人娘たちの成績。過去の彼女たちのレコードから見て、まず世界レベルの争いでは勝てないことは分かっていても、なんとか上位に食い込ませ自信を持たせてやりたい、それにはどうするか。悶々とする旅だった。

プラハ・ウィルソン駅に到着した選手団。
花束で大歓迎（右から木下会長、2人目が人見）毎日新聞社提供

●悶々と心配多き人見、はしゃぐ五人娘たち

知ってか知らずか、初めて外国への旅に出る少女たちは期待に胸を膨らませ元気そのもの。少女らしい賑やかさは何時の時代も変わらない。

岡山駅で見送りに来た人見の両親を見て、「人見さん、お父さんにそっくりね」といってはしゃぐ。関釜連絡船では、人見が船に弱い事を知っていて、人見の〝酔い姿〟が見られるといって大騒ぎ。ハルピンでは、明日からシベリア鉄道の旅という夜に、今夜はぜひキャバレーを見せてくれとせがむ。二度と来ないであろう土地と思えばむげに叱るわけに行かず、ホテルに頼んでのぞかせたが、少女たちのことが気になり、皆がベッドに帰ってくるまでオチオチ眠れなかったという。

シベリア鉄道の旅で一句

○白菊の群れて咲きたりバイカルの
　空高くして白く光れり

○いさかひて少女等を憎みて見もしたり
　長き旅路のつれづれの間に

そして極めつけは、現地のプラハに着き練習に入ってから。どう見ても少女たちの走りにキレが出てこない。人見は同室の少女が妙に肥えたように見えてならなかった。そこで「私には許された又為さねばならない権限だった」として意を決して、自ら少女らのお腹を検査した。

見終わって人見は驚いた。ひどい肥り方だった。少女たちは、現地にも食事にも慣れ、元気いっぱい食べるわ食べるわ恐ろしいほど食べていたのが間違いのもとと分かった。五人の選手たちは泣くやら笑うやら、大騒ぎに騒ぎまくった。

さっそく、彼女たちに対する食料半減策が実施された。毎朝起床と共にお腹周りを計ることとも。オリンピックを前に「全く勲一等ものだ」とは木下東作総監督のお褒めだった。

●四年前はたった一人、今は後ろに五人の少女がつづく

いよいよ第三回万国女子オリンピックの開幕である。選手たちは、到着以来約一カ月間のコンディション調整を終えていた。開会三日前、プログラムの発表があり、緊張感が高まってくる。人見は、本社（大阪毎日新聞社）に「おそれず平静に自己の力を信じながら悠々戦わんことこそ私等の覚悟であります」との決意の電報を打った。

九月六日の開会式当日、木下総監督はひと言「皆ベストを尽してくれ。ほんとうのベストを尽すことだ」。人見も少女に向かって「自分のことは自分ですること…時間に間に合わなくてオミットされました、こんな云ひ訳は日本に帰っては絶対に出来ないから」（『ゴールに入る』）と厳しく言い渡した。

入場行進では、日章旗を持った人見を先頭に五人の少女たちが続く。観衆の中から「ヤポンヤポン！」の呼び掛け。十八カ国三百余名の世界の精鋭がトラックを一周して勢揃い。少女たちの気持ちも高ぶっているはず。

人見には色々な感慨が蘇えってきた。四年前の第二回大会では、たった一人で日章旗を掲げての行進だった。出場した国も九カ国に過ぎなかった。それが四年後のこの盛大ぶり…。そして覚悟を決めた。

「四年前はたった一人で苦しいには苦しかったが、十五点を獲得して個人優勝をしてゐるものの、今度といふ今度は、夢にも四年前のやうなことは考えられない。たった一つ一等をとるのさへむづかしいことであろう。然し考へて見れば私の後には五人の少女等が今つづいてゐるのだ。安心と気強さが湧く」（同）。

●少女らや自分のレースで行ったり来たり

この感動の一時間後、競技は始まった。

ハードル第一予選には中西が出場する。人見は自分のレースよりこちらの方が気になる。「せめて第一予選だけは通過させてやりたい」と一心に念じていた。彼女はスタートするや次第に他をリード、一着でテープを切った。「これで安心…」ほっと一息つく人見。

次は六十メートル走第一予選。こちらには人見と村岡が出る。村岡は二回目の号砲でスタート、一人の有力選手が大きくリードし残りの五人はほとんど一列になってゴールになだれ込んだ。「三等になったらしい」「それは良かったわね」。人見の組は一発でスタート、人見が楽々一着でゴール。

一〇〇メートル走第一予選には、人見と本城が出場した。まず人見は三十メートルあたりでトップに立ち二位に六メートルの差をつけてそのままゴール。問題は本城。クジで決まったメンバーは第一、第二、第三走者が十二秒台前半の記録を持つ実力者ばかり。それに対し十二秒八のタイムを一回出したきりの本城。どう考えても勝てないレースとなる。昨夜までこのレースを苦にして泣いていた彼女を、人見はどう慰めて良いか分からなかった。このレースを正視出来なかったとも。

この第一日目は、まずまず予想通りの成績で終わった。

明けて二日目以降は、最悪のコンディションとなり雨中の決戦となった。六十メートル走決勝、一〇〇メートル走と二〇〇メートル走第二予選、走幅跳と、雨の降りしきるグラウンドを、自らのレース、少女たちの出場レースと人見は飛び回らなければならなかった。

このあたりから、各選手の実力差がはっきりしてくる。この中でハードルの中西は堂々予選を通過、決勝を争う世界の六人に入った。六十メートル走決勝では、人見は三位になり日の丸を上げた。

しかし、その直後行われた一〇〇メートル走第二予選では、人見がぜひとも勝ちたいと執念を燃やしていたのにまさかの敗退。敗戦の寂しさに打ちひしがれたという。三日目も雨。悪コンディションが続く中で多くの種目の決勝が進んだ。

人見は走幅跳でガンを抑えて優勝。優勝マストに日章旗が上がった。両眼を閉じ、あのイエテボリでの日の丸のはためきを思い出しながら、荘重に響く君が代を聞いていた。後ろから少女たちの歌う君が代も聞こえてくる。ガンとは前回のイエテボリ大会以来の親友となっていた。彼女はすがってきて両手を握った。ドイツ選手も祝福してくれる。少女たちも人見にすがって泣いていた。

●日の丸も上げ、団体総合は四位、大健闘

こうして三日間の大会は終わった。

人見の戦績は、走幅跳で優勝、二位は三種競技、三位は六十メートル走と槍投。個人総合は二位だった。団体で日本は十四点を確保し四位、このうち十三点が人見。少女たちの結果は、八十メートルハードルで中西が五位、四〇〇メートルリレー（渡辺、中西、本城、人見）で四位。決勝に進めたのは中西一人。しかし、全体的に見れば大健闘の部類だった。

人見の感想は、個人総合優勝こそ逃したものの、日の丸も上げた。少女た

ちも一人が決勝に進出、リレーでは一点を取ってくれた。日本は十八カ国中、四位という好成績、私たちは十分健闘した「ああよくやった！これで私はベストなのだ！」という満足感だった。

すべてが終わった賞品授与式では、各国選手があらゆる言葉を持って人見らを祝ってくれた。個人優勝のメダルがミリア会長からワラセヴッチ（ポーランド）に手渡された時、人見は心からなる拍手を贈った。

ホテルに帰り、ベッドに疲れた体を横たえても人見は、気が昂ぶって寝つかれそうになかった。

「四年間のすぎこし方が、次々にたぐられて行くのであった。大過なくすぎて行った四年間、二度のオリンピック大会、私の命でなくてなんであろう。両眼に浮かんでゐる涙の玉は消へる暇もなかった」（『ゴールに入る』）

人見自身、自己満足の絶頂に達していたことは間違いない。

●日本少女らの欧州派遣は「画期的壮挙」

人見ら選手団は、三日間の大会が終わると一日おいて十日夜には、ポーランドのワルシャワに向けて出発しなければならなかった。日本・ポーランド対抗女子競技会に出場するためだった。人見は大会の疲れから、ほほもこけ、咳が続いていた。このころから人見の病は進行を早めていたように思える。

しかし、少女らの出場だけで事たれりと思っていたのに、あに図らんや、ポーランドの選手が強く、結局、人見も出場せざるを得ないハメになった。続く、日英独女子競技大会（ベルリン）もベルギーでの日白女子対抗競技会も、人見は体調不良を押してレースに出た。「相手はベルギーだ」とのんきに構えていた少女たちは、予想もしなかった大苦戦を強いられた。「日本の若いアスリートたちに世界を見せ、経験させたい」という人見の狙いは達成されたのだが…。

少女たちを見てプラハで他国の選手から人見が掛けられた問いは「あのべ

イビーたちはどのレースに出るのか」だった。ヨーロッパの陸上女子選手に比べて、日本の女子選手は体格も競技力も劣っていたのだ。それを人見はこれからの若い選手たちに自覚させたかったのだろう。

プラハで地元新聞に、日本選手団を扱った漫画が掲載された。五人の少女選手を乗せた二輪車を、人見が一人で懸命に引っ張っている構図だった。この女子オリンピック参加は、事前の参加経費募金から、大会中の気配りまで、人見が中心で取り組んだといえる。女性スポーツの地位向上、振興を目指す人見の新しい挑戦だったように見える。

この日本少女たちの欧州遠征について、人見は「画期的の壮挙」だとして、大阪毎日新聞紙上に署名記事を書いている。人見が強調するのは、少女たちの遠征は、日本人が考える以上に「新しい日本女性」を、「日本の女子スポーツ」を、世界に紹介できたという成果である。

そこで、今後少女選手らに望むこととして「代表選手の名誉を永久に保持してくれることと同時に渡欧四カ月に学び覚えた真の女子スポーツ精神を忘れず、母校の人々に郷土の人々に延びては日本の人々に、教えるだけの覚悟をもってほしい」（『ゴールに入る』）と強調している。

●「気をつけろ、故国の人は満足していないぞ」

オリンピック終了後、ヨーロッパ各地を転戦した一行が、ロンドンから海路「白山丸」で帰国の途についたのは、九月二十五日だった。地中海、インド洋などを経由しての長期の船旅である。ジブラルタル海峡を経て、船は最初、フランスのマルセイユに寄港した。

そこで選手たちが待ちに待っていたオリンピックの戦績を伝える日本の新聞や、友人・家族らからの懐かしい手紙は、一同を一気に意気消沈させてしまった。新聞記事は「人見嬢振わず」とか「入賞の見込なし」「前回にその成績は劣る」など、消極的評価ばかり。

立派にやり遂げたという自己満足に浸っていた人見ら選手にとっては、意外すぎる報道、評価だった。それだけに家族、友人らからの便りも「プラハの成績を気に病んではゐないかと思って案じてゐる。もっともっと期待してゐたが…」「あれだけ大きなことを云って出掛けたクセに、はづかしくて近所の人にも顔が合わせられない始末です」…(同)。

人見は、ショックのあまり「終わりまで読み切ることが出来なかった。両眼からあつい涙が、読んでいく手紙の上にハラハラ落ちていく」(同)。少なからず「気をつけろ、故国の人は満足していないぞ」こんな寂しい気持ちがサアーとおおいかぶさってきた、と述べている。

少女たちも同じ思いだったろう。「毎日故郷の父母を思い、友を思い、そして自分の渡欧中の成績を思い出しては、夢に寂しく泣いてゐる」(同)。

激しい怒りの気持ちも綴っている。

「私はあれ以上は働けなかったのだ。死んでも。それ以上私に不満があるなら勝手にするがいい」「なにが故国ぞ！何が日本ぞ！私はもう一度船をもとに返して、なつかしい友の待つロンドンに帰りたかった」(同)。
手紙や新聞を読んだのは、船がまだ地中海に入ったばかりのころだった。長い航行で、選手たちの重い気持ちも多少は和らいで来たころ、船は南シナ海に入ってきた。十月の下旬である。

洋上での一句

○また船出、次の港は香港か
　故国に帰る　胸がざわつく
○よろこびか、かなしみか、
　誰か判じて　おくんなさい

こうして船は、シンガポール、香港、上海を経て故国に向かう。各地では、在留邦人等を対象に人見の講演会が行われた。人見も講演をこなせる程度まで、落ち込んでいた気持ちの整理が進んだよう。

●五人娘ら全て見送り「私も帰ったのだ」

十一月六日。船は淡路島沖から神戸港を目指していた。港には迎えの人たちも集まっているころ。神戸港を目前にし、船内では上陸準備を急いでいたその時、「ドシャン、ガシャガシャ！」。猛烈な音、貨物船と白山丸の衝突事故だった。

人見も一間（百八十センチ）近く投げ飛ばされた。船内は大混乱、命の危機すら感じさせられたが、なんとか沈没は免れ、乗客は港に無事上陸した。

多くの友人や家族、先生等に取り囲まれて再開を喜ぶ少女たちは、順次、懐かしい故郷に向けて帰っていく。人見は、五人の姉妹たちが全部姿を見せなくなるまで埠頭に立ち続け何時までも見送った。

絹枝を支えた家族。
左から母・岸江、姉・寿江、父・猪作、祖母・縫、
右上が祖父・那須太

人見家提供

人見著『ゴールに入る』の最後の部分は次のようにまとめられている。
〃元気でよかったナァ〃
「我にかえったときやうやく私に話しかける父親の姿をすぐ側に見出し、つづいて友の姿を、近所の人々を、社の人々を見つけ出した。私も帰ったのだ。あゝ凡て終ったのだ。さようなら！」

第二部　日本女子スポーツの魁《さきがけ》・キヌエ

日記「心乃友」2005年
実家で発見された。
絹枝17歳（大正13年）の時
のもの。

母君よ着ませこの衣粗なれども娘が送るこの綿入れを

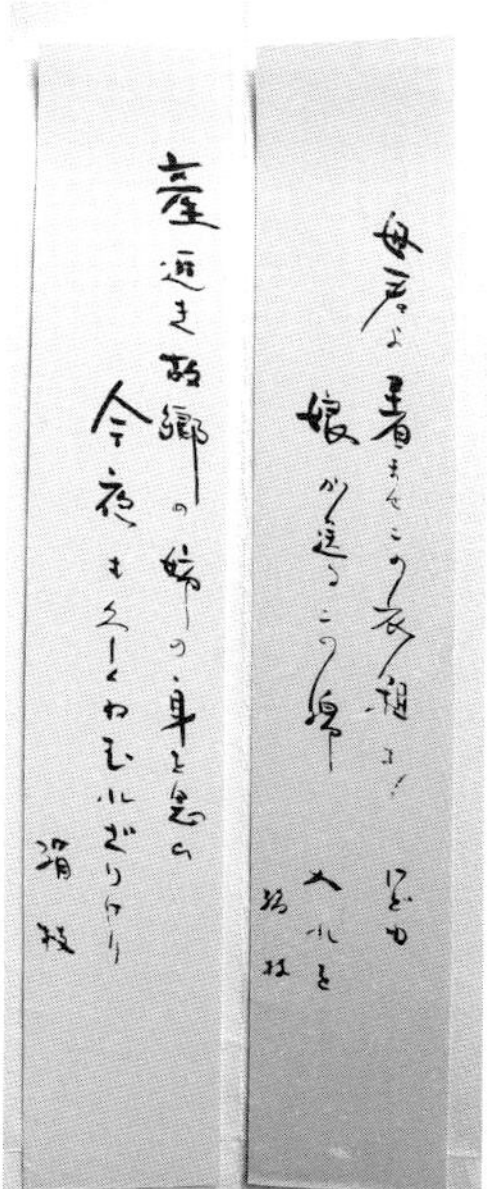

産近き故郷の姉の身を思ひ今夜も久しくねむれざりけり

短歌2首
人見家提供

その1　人見絹枝を育てた人たち

名伯楽は岡女・和気昌郎校長ら体操科教諭

まず、あげられる功労者は、人見の秘めたる才能を見抜き、それを育て、飛躍できる方向に導いた名伯楽、岡女の教育者だろう。和気昌郎校長であり、体操科の杉田常四郎、山本正一の両教諭らである。

和気は校長として校風を刷新し、温厚な杉田は総担任として、若い山本はファイトの塊のように生徒を導いた。いずれも校長が県内の小学校から採用してきた人材だった。

和気は、一九二〇年（大正九）九月、岡女の七代目校長に就任した。人見が入学して約半年経ったころだった。出身は岡山だが東京高等師範学校英語部を卒業。教科担任が休んだ時には自ら教壇に立ち英語で講義したり、新任の翌日からテニスコートに出てラケットを持ちプレーするといった、蛮カラ

和気昌郎校長
岡山操山高校提供

「人見嬢を悼む」

如何にしても我国女子体育のレベルを西洋のそれに迄高めたいのが嬢の健気な抱負であり、これが実現には嬢の半生の心血を注ぐ筈であったのだ。僕はこの実現素より国家のため望んでやまないが、僕はその前に家庭婦人としての「人見さん」を見ることが出来ないのが実に遺憾で堪へられない。(花橘)

岡女大供校舎玄関
岡山操山高校百年史より

ながら進取の意気に燃えた校長だった。学業にも体育にもどんどん新風を吹き込み、学校全体に精気をみなぎらせた。

特にスポーツには力を入れ、対外試合へも積極的に参加させていた。このフレッシュな雰囲気の中で、人見はのびのびとテニスに熱中し才能を伸ばす。この前向きの校風が作られていなければ、人見のテニス挑戦はなかったかもしれない。大阪で開かれた関西女子テニス大会への出場も、和気の対外試合推奨がなければ実現していない。

また、杉田、山本の両教師も、人見の並外れた身体能力の高さに気づき指導していた。陸上競技へピンチヒッターとして出場を求めたのも、能力の高さを知っていたからこそに他ならない。人見はそこで、参考記録ながら走幅跳で日本の女子最高記録を出してしまう。意外な所から人見の陸上競技進出への道筋が作られたといえる。

こんな懐古談が残っている。

ある時、新しい競技種目を取り入れるとして、槍投げの授業があった。教師が手本を見せて、側で見ていた人見にやってみるように指示。人見は初めてのことだけに、いささか緊張気味の様子だったが、教えられた通り「エイ！」と投げると、槍はぐんぐん伸びて校庭を斜めに横切り、落ちた地点は教師より遥かにオーバーしていた、という。（『岡山操山高校七十年史』）

卒業後の人見の進路についても、類い希なる才能を伸ばすためとして、二階堂体操塾への進学を本人や両親に熱心に説得し説き伏せた。この功績は大きい。

●二階堂トクヨは女子スポーツの精神を教育

二階堂トクヨは、自らの生き様をもって人見を教育した。修学年限一年間という短い期間だったが、人見は二階堂の薫陶を以て、自らの人生の道しるべとした。

二階堂が生まれたのは一八八〇年（明治十三）だから、人見とはかなり離れている。宮城県の出身で女子高等師範学校を卒業し、文科の教師を目指していたが、赴任先の学校で体育学科を任されたことから体育教育と出会う。この後、文部省の命で女子体育教育を研究するためイギリスに留学している。

ここでマダム・オスターバーグと出会い、新しい体育指導方法や体育指導者の在り方などについて学ぶ。「体育を中軸に据えた全人教育」であり、実行するには「女子体育は女子の手で」だった。寄宿舎での全人教育を実施、塾生の日常的な生活態度にまで気を配って教育していた。

自らの留学体験を語り、国際感覚や国際的視野の養成にも力を入れている。人見の国際感覚の豊かさは、こうした二階堂の教育の成果だろう。また、二階堂の実行力についても、人見は目の当たりにし、学んだものだろう。この実行力は、人見の少女アスリートの女子オリンピック派遣や、「十銭募金」運動の取り組みなどに繋がっている。

人見は、二階堂から、女性スポーツの基本的在り方、体育教師としての基本とアスリートとしての基本的心構え、また、国際的視野を学んだ。

●「世界のヒトミ」を育てた木下東作博士

木下東作は、大阪毎日新聞社の運動部長として、また、日本女子スポーツ連盟会長として、「日本の人見」を「世界のヒトミ」に育てあげる上で大きな役割を果たした。躊躇する人見の両親を説得し、絹枝を大阪毎日新聞運動部記者にしたのは木下の尽力であり、その絹枝をスウェーデン・イエテボリの第二回女子オリンピックに出場させたのも、木下運動部長だった。同新聞社の派遣である。

木下は、一八七八年（明治十一）生まれで、東京帝大医科を卒業した生理学者だった。一九二二年（大正十一）、大阪医科大学教授から大阪毎日新聞社に転身し運動部長に就任。一九二四年（大正十三）、日本女子スポーツ連盟を設立、女子スポーツの振興に並々ならぬ努力を傾注している。スポーツ

二階堂トクヨ塾長
日本女子体育大学提供

谷三三五コーチ。谷は岡山県出身初のオリンピック代表で人見のコーチ
備前市立伊里小学校提供

母校・岡女グラウンドで模範演技をする人見。左の男性が杉田常四郎教諭
県立記録資料館提供

の世界に運動生理学を導入したことでも知られる。

人見が大阪毎日新聞社に就職したのは一九二六年（大正十五）五月のことで、既にイエテボリ派遣は事実上決まっていたといえる。人見のアスリートとしての高い能力を認め、世界の舞台で何処まで通じるか勝負させたいと考えていた。その期待以上に応えたのが人見で、木下は各場面でサポートした。

木下なくして「世界のヒトミ」は誕生しなかったといえる。資金集めや組織作りなどにも尽力し、発足したばかりの女子スポーツ界を牽引した。スポーツ医学の権威だった。

●逸材を見事開花させた名コーチ・谷三三五

谷三三五（たに・ささご）は、人見が初めて指導を受けた専任コーチで、人見という逸材を花開かせた。自身は岡山県出身初の五輪代表でもあり、男子百メートル走で、日本人として初めて十秒台に乗せたことでも知られる。

世界の女子陸上界で活躍する人見を本格的にコーチした。後半にスピードが落ちない「谷式走法」と呼ばれる近代走法を打ち出し、日本アスリートの模範とされていた。

谷（旧姓・真殿）は、一八九四年（明治二十七）生まれ、備前市伊里中（旧・和気郡伊里村）出身。大正から昭和初期にかけて短距離界で活躍。短距離王とも称された名スプリンター。競技生命の長さでも知られ、一九二五年（大正十四）、三十一歳で一〇〇メートル走で十秒八を記録、日本人として初めて十一秒の壁を突破している。

オリンピックには、一九二四年（大正十三）の第八回パリ大会で一〇〇メートル走と二〇〇メートル走に出場している。

人見が、奈良・美吉野運動競技場に合宿や練習に通っていた当時、谷は同グラウンドの管理を手掛けていた。人見は一九二七年（昭和二）春から、コーチを受けるようになった。

人見が、プラハでの女子オリンピックに向けて、派遣選手選考や派遣費用募金などに飛び回っている時、谷は「人見のやっている仕事を、今この際一切取り上げてやってください。与えておけば止めもしないし、今、人見の力は昔ほどの立派さではありません。早くこの不振から救い出すことは、今、何よりも大切なこと」（『ゴールに入る』）と苦言を呈していた。

コーチとしてハラハラして見守っていたことがよく分かる。

●アスリート生活を支え続けた親友・藤村蝶

藤村てふは、人見の無二の親友で、同居しながら人見のアスリート生活、記者活動を支えた。人見の入院時は献身的に介護し、臨終も枕元で見守っている。自らの青春を友に捧げたといえる。

てふ（後に「蝶」）は、青森県八戸出身で、二階堂体操塾では人見の一年後輩。人見が二階堂トクヨの元を離れ、大阪毎日新聞社に移った時、いっしょにつ

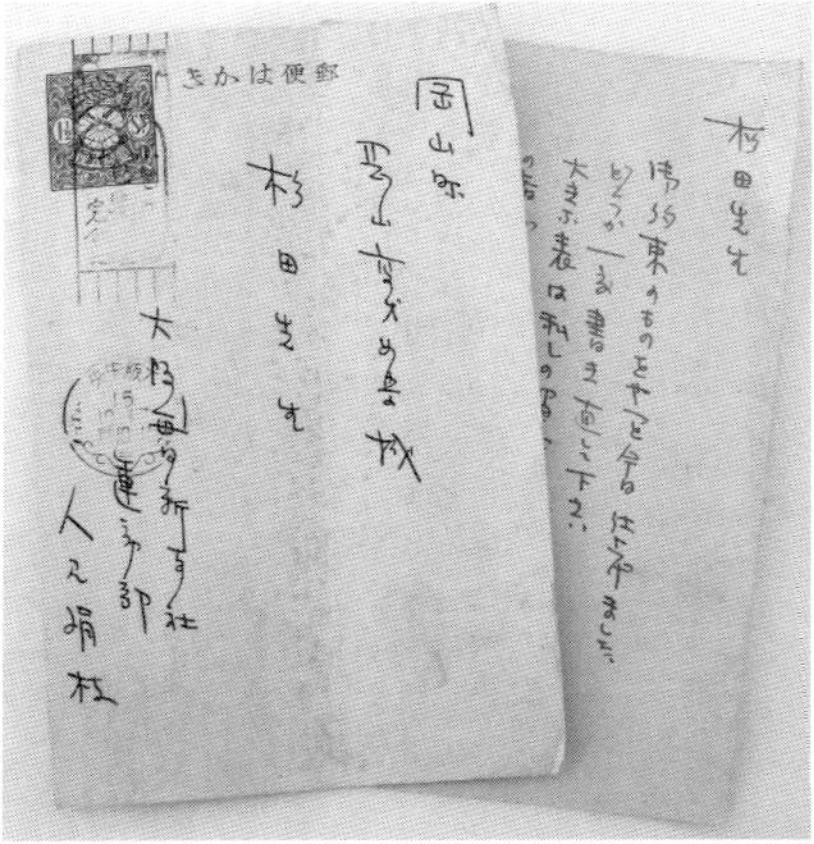

人見が恩師・杉田常四郎教諭に当てたハガキ。交流は続いていた
県立記録資料館提供

絹枝と蝶のお墓「骨塔」（青森県八戸市・本覚寺）本覚寺提供

いて行き大阪で同居生活に入っている。練習や競技会、合宿などにも同行して、競技生活を支えた。人見にとっては最も信頼のできる友の一人だった。晩年、人見が命をかけて戦ったプラハに赴き、オルシャンスキー墓地にある人見記念碑を訪れ花をたむけた。現在は、蝶（藤村家）の菩提寺・本覚寺（八戸市）のお墓で、分骨された人見のお骨と共に眠っている。

その2　〝郷土が生んだ陸の女王〟像4体

第一号は県総合グラウンド陸上競技場の前

人見絹枝〝像〟は、四体ある。それぞれの場所で、それぞれの意味と歴史を持ちながら、それぞれの表情を見せている。

まず一体は、岡山市北区いずみ町の岡山県総合グラウンド内にある。ちょうど陸上競技場（シティライトスタジアム）の正面北側で、正にスタジアムに走り込むような姿で立っている。当初は、旧来の陸上競技場正面に設置されたが、総合グラウンドの整備に伴って現在地に移ってきた。これが第一号の人見像である。

当時の様子を、像建立の音頭を執った夕刊新聞社（後の「岡山日日新聞社」）の紙面で見る。

等身大のブロンズ像を制作したのは、岡山出身の彫刻家、岡本錦朋。第

日本女子体育大学の人見像。
正にスタートした瞬間をイメージしたもの

岡山市立福浜小学校の人見像

岡山操山高等学校の人見像（平成2年の除幕式）岡山操山高校百年史より

人見絹枝は 明治四十年（一九〇七）岡山県御津郡
福浜村（現岡山市福成）に生まれた
長じて本校の前身岡山県岡山高等女学校に
学び 在学中より陸上競技選手となり
天賦の才能と不断の努力によってほとんど
の種目の日本記録を更新し 数々の世界
公認記録を樹立した
昭和六年（一九三一）二十四歳の短い生涯を閉
じたが その世界の人見としての活躍ぶり
は 今も世界の人々に感銘を与えてい
る
日本女性の存在を世界に示した先駆者
としての足跡は 太陽のごとく輝かしい
ここに 岡本錦朋氏の作になる人見絹枝像
を建立し 本校創立九十周年の記念とする
平成元年
赤木慎平撰
片山竜萱書

岡山操山高等学校の人見像の顕彰版

岡山県総合グラウンドの
人見像

昭和37年の岡山国体に合わせて建立された当時の人見像　県立記録資料館提供

十七回国体岡山大会記念と夕刊新聞社の創刊十六周年を記念して計画された。協賛は、県陸上競技連盟、県体育協会、人見絹枝顕彰会、岡山市連合婦人会。岡山国体の盛りあげと人見絹枝の偉業を讃えようというものだった。像の説明には「郷土が生んだ陸の女王　人見絹枝像」と書かれている。

除幕式は、一九六二年（昭和三十七）十月十八日、岡山国体の秋期大会が始まる直前に行われた。式には、三木行治知事を始め、県議会議長、県陸上競技連盟会長、制作者の岡本、絹枝実父の人見猪作ら関係者約五十人が出席。絹枝の母校である岡山操山高校の二人の女生徒が、人見絹枝像の除幕をした。

像を前に岡本は「三年前に頼まれ、やっと完成した。若い女性のシンボルとして、やさしく美しく作るのに苦労した。男らしい女性としての人見嬢なので、男女のモデルも使った」と話している。

父・猪作の感想は「本当によく似ている。手元にも絹枝の写真がありますが、そっくりです」。この時、猪作は八十三歳、娘が生きていれば五十五歳になっているはず。感慨も深かったろう。

この人見像は、アムステルダムオリンピックの一〇〇メートル走予選で、一位通過した時のゴール時の写真がモデルとなっている。銀メダルの八〇〇メートル走決勝の場面ではない。厳しい表情の中にも、まだ、余裕も感じられる。

●岡山操山高校は創立九〇周年記念で

人見の母校である岡山操山高校（岡山市中区浜）の人見絹枝像は、同校の創立九十周年記念事業として建立された。除幕式は一九九〇年（平成二）三月一日。像の制作はこちらも岡本錦朋が担当した。モデルとなったのは、県総合グラウンドの人見像と同じとみられる。

像の台座に書かれている言葉は、人見が『スパイクの跡』に綴っている言葉である。

「努める者は何時か恵まれる。私は賢明ではない事をよく知ってゐます。

然し愚なりとも、努力を続ける者が最後の勝利者なることを信ずる者です」（原文のまま）。

●岡山市立福浜小の像は穏やかな表情で

三体目は、尋常高等小学校時代に通った岡山市立福浜小学校（岡山市南区）の中庭に、人見先輩のブロンズ像が立っている。こちらの人見はやや穏やかな表情で子供たちを見つめている。

これは、福浜小学校の創立百周年記念事業として進められた。地元の百周年記念事業実行委員会と人見絹枝選手顕彰会が募金を募り、百周年に当たる一九九三年（平成五）に建立した。制作は、彫刻家の石黒孫七に依頼した。

像にある人見のゼッケンナンバー「２６５」からみて、こちらもアムステルダムオリンピック時の写真がモデルとなっている。しかし、表情から、伝説の八百メートル走決勝にしても、ゴール直前のものではないよう。こちらの像では、スパイクの足裏に円錐形の爪まで再現されており、よりリアル。

●日本女子体育大学像はスタート時の姿

日本女子体育大学（東京都、人見在学時は二階堂体操塾）の人見絹枝像は、人見の没後七十年を記念して二〇〇一年（平成十三）八月二日、同大学のグラウンド横に建立された。像は、人見がレースで正にスタートを切って飛び出したところを再現したように作られている。

制作したのは、彫像家の塚田喜司郎で、この像は、一枚の写真をモデルにしたものではなく、動きを簡素化、抽象化したものとなっている。

この像建立の話しが持ち上がったのは、同大学の後輩の学生らから。これを受けて卒業生の陸上競技部ＯＧ会、陸上競技部、卒業生有志らが中心となって計画を具体化した。

その3　8・2（八月二日）の奇縁

銀メダル獲得と同じ日に「旅立ち」そして…有森裕子

人見には〝8・2〟という数字が不思議とついて回る。

ドイツ・ラトケと死闘ともいえる激闘を展開した第九回アムステルダムオリンピックの女子八〇〇メートル走の決勝。人見は、最後の第四コーナーを回った直線で二位の選手を抜き、先頭のラトケを懸命に追いかけ、今一息というところでゴールになだれ込む。

結果は二位で優勝には届かなかったが銀メダル。日本の女子陸上競技界に、史上初めてオリンピックでのメダルをもたらした一瞬だった。大きな金字塔を打ち立てた記念すべき日が、一九二八年（昭和三）八月二日、つまり8・2なのである。

次は、人見絹枝の命日である。人見はプラハで開かれた第三回万国女子オリンピック出場と、その後、引き続いての欧州各国転戦の疲れが響いて、翌年の一九三一年（昭和六）四月、大阪医大附属病院に緊急入院した。しかし、体調は最後まで回復せず、同年八月二日、同病院で帰らぬ人となった。八月二日（8・2）は、奇しくも人見が倒れながら銀メダルを獲得したと同じ日だ。

一方、人見と同郷のメダリスト、有森裕子は、就実高校時代、長距離走と取り組む中で人見の存在を知った。岡山市内で開かれた山陽女子ロードレースで、優勝者に贈られるのが人見絹枝杯だった。参加者には、人見の著書である『スパイクの跡』が配られていた。

有森自身は、リクルート時代の一九八九年（平成元）行なわれた第八回大会のハーフマラソンで優勝、人見絹枝像のトロフィーを手にしている。花開いたのが、一九九二年（平成四）の第二十五回スペイン・バルセロナオリンピック。女子マラソンで有森は二位に食い込み、見事に銀メダルを獲得した。

ちょうど日本時間で同年八月二日（8・2）のことだった。

その日は、人見が日本女子陸上選手として初めてオリンピックでメダルを取った日と同じ日であり、その日から実に六十四年という月日が経過していた。有森にとって「人見さんを語らずに過ごすことはない」くらいの大きな存在になったという。有森は「（人見から）バトンをもらった気がする」として、国連人口基金親善大使などとして各種ボランティア活動と取り組んでいる。

有森裕子が「山陽女子ロードレース」で手にした人見絹枝杯。この後有森は記録を伸ばしバルセロナ五輪の銀メダルに繋がる（アニモ・ミュージアム）

その4　「十銭募金」キャンペーン

派遣費用一・五万円寄付金集めに東奔西走

日本の女子スポーツを統括する日本女子スポーツ連盟（木下東作会長）は、一九三〇年（昭和五）一月、新年の役員総会で、同年九月にチェコ・プラハで開かれる第三回万国女子オリンピックへ、人見を含めて数名の日本代表選手を派遣することを決めた。

しかし問題は、その派遣費用約一万五千円をどう工面するかだった。当時、オリンピック出場のための国からの支援は全く無く、自分たちで工面しなければならなかった。その一つの方策が、人見の提案した「十銭募金」運動だった。当時の一万五千円は、現在の貨幣価値に直すと低く換算しても五千万円前後にはなる。小規模のスポーツ団体にとっては、とてつもなく大きな金額である。

当初、連盟では何回役員会議をしても金集めの妙案は出てこない。「相撲の興行をしては…」「宝塚の少女歌劇は…」「しかし、この二、三年、体育団体がしたもので成功したものはないし…」「この前だって欠損が出た…」といった調子。一発興業は危険が伴う。

人見は、内心ではこういった興業による資金集めには乗り気でなかった。「何分女のことであるし、女の選手を派遣するという事を少しでも強く表し得るような募金方法はないものでしょうか」というわけである。

そこで人見が、案として示したのが十銭募金案だった。人見の提案は、全国の女学生に呼び掛けて、一口五銭か十銭といった少額の寄付を広く受ける、そのことは全国の女学生らに「我らの代表をオリンピックに送るのだ」という意識、責任感も持たせることに繋がる。女性の代表選手を派遣するために、女性の皆さんご協力をお願いします、という呼び掛けである。これなら募金の意義もはっきりしてくるではないか、というわけである。

元々の発端は、人見が参加予定の同オリンピックに、将来を担う若い女子アスリートを参加させ、世界を見せ経験を積ませたいという狙いだった。そのための資金集めだ。具体的には、全国の女学校や女生徒に広く呼び掛けて、一口十銭也の寄付をしてもらうもの。

こうして一口十銭の募金運動の取り組みが決まった。しかし、多くの手間と労力のかかる取り組みだった。時期は既に二月に入っていた。木下会長の決意は「ああこれもわしの一生一代の仕事だ」「一生の大仕事だ。やって見やう」。

言い出しっぺの人見は、それから想像を絶する八面六臂の活動に入る。

●プラハに出発の三日前、目標額を見事達成

まず、募金を入れる応援袋の作成。全国の女学校を約八百校とみて、女学生が平均五百人として、約四十万袋の応援袋がいる。その応援袋には広告を入れる。そしてそれを全国の女学校に配布する。期間は三月中に配布、五月

中に大体の目算を立てる。

人見は、下準備のために毎日、朝から深夜まで作業に追われた。文部省に対する補助金の申請、各地方官庁に提出する交渉準備、応援袋の製作などなど。お役所相手の仕事となると、書類の書式がそれぞれ異なるし、何回も所轄所に呼び出され、平身低頭。腹を立てたらそれで終わり。

木下会長も、連日「自尊心も何も捨てて」名士や知人らを訪ね、募金集めに奔走。その姿を見ているだけに、自己の練習をどうするかの焦燥感にさいなまれながらも、人見も息を抜けなかったよう。

こうして、努力が実って全国から応援袋が集まりだした。中には「農村の疲弊の故をもって金二円」と送ってくる女学校もあった。そうした金は、緊張した人見らの心を「何ともいえぬ温かさと、力と感謝の中に包んでしまった」。

こうして、人見と五人の選ばれた少女らの選手団がチェコ・プラハに向けて出発する三日前、募金の目標額一万五千円は、五百円の〃超過〃をもって見事に達成された。人見の熱意と努力の賜である。

「KINUE　HITOMI
その魂が愛により世界を輝かした女性」
―人見へのスポーツ人の感謝の念により―
（チェコのハンドボール連盟と女子スポーツ連盟によって建立）

人見絹枝記念碑（チェコ共和国・プラハ）日本女子体育大学提供

その5　ジャーナリスト人見

「人見記者」行動力、記者感覚、筆力抜群

人見絹枝が、大阪毎日新聞社に入社したのは、一九二六年(大正十五)五月である。同社の運動部記者としての扱いで、社報には「少しでも世の女子体育事業に尽してみようと願っております」と意欲を見せている。当時の新聞社は現在以上の男性職場で、人見は日本の女性記者のはしりの一人といえる。

上司は運動部長の木下東作。明らかに第二回万国女子オリンピックへの派遣が条件の入社だったが、文才にも弁舌にも優れた人見のこと、男性記者顔負けの活躍を見せる。ジャーナリストとしての感覚も国際的視野も十分持ち合わせていた。

新米記者の一日は、朝十時前後に出社、雑務をこなした後、午後は暇を見つけながら、アスリートとしての毎日のトレーニング、そして再度社に帰り、

人見を中央にシリア夫人(左)と木下会長(右)。人見は二人を「父と母」と慕った
(『ゴールに入る』より)

張学良と会見する“人見記者”
(1929年10月18日 奉天)
人見家提供

内勤記者としての仕事。夜は男性社員と同様、十時、十一時まで編集局内で仕事をし、時には午前様で午前一時ころ会社を出ることもあったという。女性として結構激務だが、人見はそれを男性並みにこなしている。

この年は、さっそく七月にはスウェーデン・イエテボリに向けて出発。こちらはアスリートとしての遠征だが、シベリア鉄道経由でロシア革命後七年経ったばかりのモスクワに入り、ソヴエト政府幹部と面会、取材までこなしている。

ロシア体育の目的や体育史について聞き「お互い体育の原理を早く立派に成し遂げましょう」と固い握手。十九歳そこそこの新米記者とはとても思えない対応ぶりだ。国際感覚もそれなりに身につけており、欧州のスポーツ事情についてレポートも多くまとめている。

そして何よりも文章力に長けているのが強み。少女時代から日記をつけており、この効果かもしれない。『スパイクの跡』と『ゴールに入る』『最新女子陸上競技法』などの著作を難なく書き上げている。

入社一年半くらい経った時の人見記者の感想が面白い。「一日一日と社内の様子も、記者としての知識も、狡猾さも覚えて大分人間が悪くなった様に自分ながら思はれ出した」（『スパイクの跡』）とか。

●大毎記者として満州軍閥・張学良を取材

有名人とのインタビューもしている。

一九二九年（昭和四）十月十八日、奉天に飛び、大阪毎日新聞記者として張学良と会見している。当時の満州（現・中国東北部）は、日本の関東軍が勢力を伸ばし、一九二八年（昭和三）六月には奉天郊外で張作霖爆殺事件を起こしたばかり。

満州事変勃発前の緊張が高まる中での、一方の満州軍閥の領袖・張学良との会見だけに注目は集まったが、現実はただ会って写真を撮っただけ。人見にじっくり取材させると何を聞き出したか、興味があるところだ。
その後満州では、人見の死後二カ月もたたない一九三一年(昭和六)九月満州事変が勃発、日中は全面戦争に突入する。
こんな話しもある。アムステルダムオリンピックから帰った後、一九二九年(昭和四)五月、母校の岡女で講演・コーチをしている。終わった後、寄宿舎に寄り一風呂浴びて汗を流していた時、話しのついでに漏らしたのが「政治家は嘘つきだ」のひと言。その友人は、その〝裸の言葉〟に強い印象を受けたという。(『岡山操山高校百年史』)
人見のジャーナリスとしての見方は、的確だ。大正デモクラシーの渦の中で、女子スポーツの新しい在り方を探り、女性の地位の向上を目指そうという人見の取り組みが強く感じられる。

その6　偏見・差別に負けず

いわれなき誹謗中傷と戦い悲哀の涙も

時代の先端を走る人見には、何かと社会の偏見が付いて回った。トドのつまりは、いわれなき誹謗中傷すら立てられ「こうまで世間の人はこの身に対しとやかく言わねばならないのか」と憤慨、幾度悲哀の涙を流したことか分らないと振り返っている。

まず、子供時代。明治末から大正初期にかけての時代である。住んでいたのは田舎。当時の農村は「女に学問は要らない」「女は家庭で子育て」といった男尊女卑の考え方のまっただ中。女の子の場合、小学校さえ卒業すれば、後は裁縫などの嫁入り支度。

しかし、人見家の場合は父・猪作が「これからの女性は学問を身につけないといけない」と教育に理解があった。それでも、絹枝の女学校進学についいては「お父さんは（村の人から）いろいろの目で見られるに決まっている」と気を使わなければならなかった。

岡女進学後も、絹枝がテニスを始めると「ラケットとかいうものを（女の子が）振り回して…」と、一番絹枝に理解があったはずの祖母を筆頭に家族中が大反対。女性が走り回ってスポーツをするなど考えられなかった時代だった。

それを強引に押し通していったのが絹枝で、岡女・和気校長の積極的な新しい学校づくりの姿勢と情熱が、絹枝を支えた。民主主義、女性の地位向上などを目指す大正デモクラシーの波が、世情にうねっていたことも幸いした。

人見は『最新女子陸上競技法』で次のように主張している。

「おせば凹む様なお嫁さんを欲する男の人は今の日本にないはずだ。昔、日本の男の人が欲した様な女は一刻も早くこの日本になくなって」欲しいと書いている。日本のために、女子は立派な母となって尽さねばならないと強

自著『スパイクの跡』
に使っている写真。
お気に入りの“公式”
ポーズ
『スパイクの跡』より

『スパイクの跡』出版

調。そのためには、有為なる精神を宿す有為なる身体をつくるために、女性スポーツの振興が必要だと言いたいわけである。

●女性に対しても厳しく自制を求める

それなら女性は自由に何をしてもよいかとなると、人見は厳しく自制を求めている。競技場などで「太股のままアグラをかいたりする」ようでは、女子競技界のために嘆かわしい、と指摘している。

こうして「女が足をさらけ出して…」といった古い因習にとらわれた批判をかわしながら、人見は、スポーツを始め女性記者活動も含め、あらゆる面での先駆者だった。それも、ちょうど明治から大正・昭和へと時代が変わる転換期に生きた人だ。ものの価値観も大きく変わる。

人見は、この激動の中で偏見に負けず新しい時代の魁として戦った人だ。

その7　人見絹枝顕彰活動

母校・福浜小学校では「紙芝居」制作

人見が幼少時代を過ごした岡山市立福浜小学校（岡山市南区福富東）では、学習テーマに「人見絹枝に学ぶ」を設定、積極的に顕彰活動と取り組んでいる。学区内に絹枝の生家も残っており、地域の人たちにとっても、なじみの深い〝おらが絹枝〟の存在なのだろう。

中庭には、ブロンズの人見絹枝像が建っている。これは、学校創立百周年記念事業として、一九九三年（平成五）地域住民が協力して建立した。子供たちは、毎日、人見像を見ながら過ごしている。

二〇〇七年（平成十九）には、人見絹枝生誕百周年記念事業として、紙芝居「人見絹枝物語」を地域住民と協力して制作した。福浜学区の町内会と福浜小学校職員が制作実行委員会を結成し、同年十一月完成。全三百部を岡山市内の小学校（九十三校）と中学校（三十七校）及び公民館や図書館に贈っている。

実行委員会では「絹枝が幼少期を過ごした地元ならではの紙芝居にしたい」と工夫したという。絹枝のどんな困難にも負けない「不撓不屈の心」や周囲に優しい気配りのできる「温かい人間性」を伝える教材として、広く使われている。

その他、毎年五月二十五日の学校創立記念日には、何らかの形で顕彰活動を実施、二月には「人見絹枝杯八百メートル走大会」を行い、各学年別男女優勝者に人見絹枝杯を贈っている。

また、校長室には、貴重な人見文庫とブロンズ像の制作時に同時に作られたレプリカ（三十センチ大）も飾ってある。

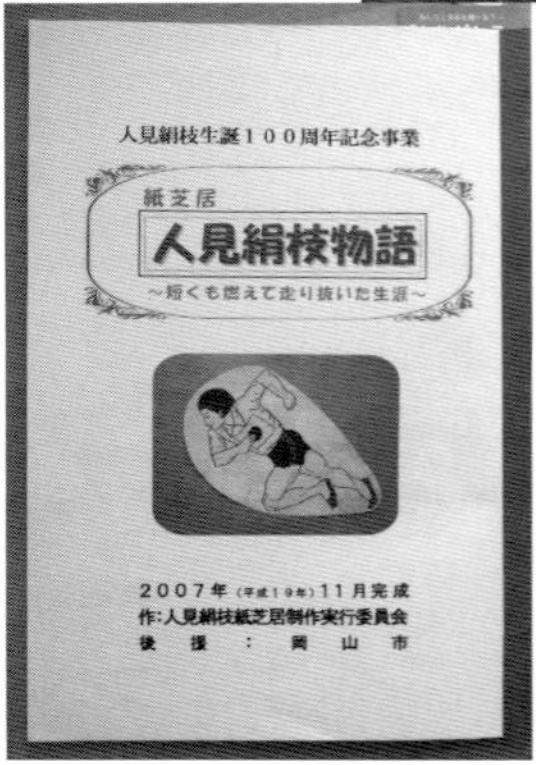

福浜小学校の人見絹枝顕彰コーナー。
各種資料をそろえている。

1928年
オリンピック
アムステルダム大会
800m走
第2位

紙芝居「人見絹枝物語」

第9回
アムステルダム大会
陸上選手団
男子10名
女子1名

●山陽女子ロードレースは「人見絹枝杯」「有森裕子杯」

人見絹枝杯を掲げた「山陽女子ロードレース」は、一九八二年（昭和五十七）に始まった。十キロとハーフマラソンの二コース。主催には、岡山県、岡山市、県体育協会、山陽新聞社などが名を連ねた。

岡山県総合グラウンドを起点に、師走の岡山市街地を周回するコースで、毎年、国内外の女子ランナーが数多く参加している。第八回大会では、有森裕子（リクルート）がハーフマラソンで優勝し人見杯を獲得している。

第二十三回大会（二〇〇四年）からは、ハーフマラソンが有森裕子杯となり、人見・有森の陸上二枚看板で大会を盛り上げている。

●操山高校学園祭「松柏祭」では人見絹枝記念レース

岡女、一女の流れを汲む岡山県立岡山操山高等学校（岡山市中区浜）では、一九九〇年（平成二）に創立九十周年事業として人見絹枝像を建立したほか、毎年の学園祭「松柏祭」で、アスリート・人見の顕彰を続けている。

松柏祭は、文化祭と体育祭に分かれており、秋九月に二日間にわたって盛大に開かれる。体育祭で行われるのが人見絹枝記念レース。有志が参加して八〇〇メートルレースを展開、生徒らに大先輩・人見絹枝の健闘ぶりを体験させている。

●日本女子体育大は記念誌やシンポジウム

日本女子体育大学（東京都世田谷区北烏山）では、前身の「二階堂体操塾」創立者・二階堂トクヨの顕彰と共に人見絹枝に関する研究にも活発に取り組んでいる。人見は、当時の二階堂体操塾三期生として一年間学び、一九二五年（大正十四）卒業している。

人見の没後七十年に当たる二〇〇一年（平成十三）学内に人見絹枝像を建立したのに引き続き、二〇〇七年（平成十九）十月、人見絹枝生誕百年記念事業と取り組んだ。内容は、生誕百年記念誌の発行と記念シンポジウム開催。シンポジウムには、体操塾や専門学校当時の卒業生や、大学関係者、研究者、ジャーナリスト、それに人見を師と仰ぐバルセロナオリンピックメダリスト、有森裕子ら。岡山からは、人見家親族も参加していた。記念誌には、卒業生らの手記や研究成果なども取り上げてある。

同大学では、従来から人見の日記や短歌、手紙類など貴重な資料に関して、継続して各教授陣が研究発表などをしている。

●「遺跡＆スポーツミュージアム」に人見、有森コーナー

岡山県の県総合グラウンド（岡山市北区いずみ町）の県陸上競技場一階には、「遺跡＆スポーツミュージアム」が整備されている。ここに〝伝説の死闘　オリンピックの人見絹枝〟のコーナーが、有森裕子のコーナーと共に設けられている。

遺跡＆スポーツミュージアムの人見絹枝コーナー
（岡山県総合グラウンド内陸上競技場）

これは、二〇〇五年（平成十七）の第六十回岡山国体に向けて行なわれたスタジアムの改修に合わせて「津島遺跡の歴史物語と郷土が生んだアスリートの勇気の物語を語り継ごう」と新設された。人見絹枝と有森裕子の足跡をたどり、また、ゆかりの品々を展示している。

展示の監修は、デザイナーの水戸岡鋭治。小中学校の生徒の見学や、スタジアムへの観客も多いため、年間一万四〇〇〇人が訪れ、賑わっている。

第三部　ゴールへの旅立ち

犬といっしょに余裕のひととき。
人見は動物大好きで犬、猫、小鳥を飼っていた
人見家提供

〝軽井直子〟人生のゴールへさようなら！

一九三〇年（昭和五）十一月六日、人見は少女らと共にチェコ・プラハから帰国した。第三回万国女子オリンピックから二カ月近くが経っている。

そこから人見には、また超多忙な毎日が待っていた。休む間もなく、翌日の七日には大阪毎日新聞本社で報告を兼ねた帰朝講演。十二日には東京で講演。演題は「プラーグに仰ぐ日章旗」で約一千人の聴衆。

年が明けて一九三一年（昭和六）一月は、大阪・伊丹や名古屋、京都へ出掛け、二月からは名古屋・三重方面（十三日）、東京（二十四日）、高知方面（二十七、二十八日）、徳島方面（三月一日）などなど。全国を飛び回っているのだ。

人見にとっては、五人娘たちをプラハに連れて行くための十銭募金へのお礼の意味もあり、断り切れなかったのだろう。そのころから出張には、吸入器を持参していたともいわれ、体力の衰えは相当顕著になって来ている。

●『ゴールに入る』出版、競技継続の決意

この間、二月には、『スパイクの跡』に続く自著『ゴールに入る』を書き終え出版している。その本の題名から、競技からの〝引退〟を予想する向きもあったためか、わざわざその序言で「世間の人々はきっと〝人見はもう走ることを止めたのか〟と云われるに違いありません」とした上で、「決してご心配には及びません」と競技継続の決意を述べている。

しかし、同著の最後の締めの言葉は「ああ、すべて終わったのだ。さようなら！」。半年先の人見の命運を暗示させるような締め言葉だった。

三月には、住み慣れた十三から阪急沿線の塚口に転居している。借家住まいから戸建ての自己住宅へ、人見はアスリート引退後の生活設計を考えたのかもしれない。

●四月突如危機、入院し患者名「軽井直子」

多忙なスケジュールが続く中、四月に入って突如危機が訪れる。四月十一日、人見が自宅で大喀血したのだ。四月二十八日付けの大阪毎日新聞は「人見絹枝嬢病む」として、軽微な肋膜炎で大阪医大附属病院に入院、加療中と伝えた。

現実は、当時死の病とされた重い肺結核だった。

闘病生活は、五月に入り一時、快方に向かっていると伝えたものの、現実は生やさしい病状ではなく、人見は病魔と激しく戦っていた。縁起を考えてか病室の患者名は「軽井直子」、大親友で大阪での生活を共にしていた藤村蝶が常に付き添い、正に献身的な看病を続けていた。

その中で詠まれた二首は

○いくら勝たうとおもつても
　負かしてやるぞ胸の虫ども

○息も脈も熱も高し
されど我が治療の意気さらに高し

病状はさらに「あの状態でよく生きている」とまで悪化、その中でもおぼつかない字でノートに書いてあったのは「高い熱、上らば上がれ、時が来れば、どうせ逃げ出す」「あかん、死ぬ…」「誰が殺すか…生きてみる…」の走り書き。

事態が急変したのは七月末。大阪毎日新聞の記事によると「去る七月二十九日頃には著しく衰弱が加わり、呼吸困難を訴えつづけていた。最後の急変は八月一日午後六時過ぎからで、直ちに近親者に打電し、十数本の注射を打ち続けた。臨終まで意識は極めて明瞭」とある。

あまりの急変に、病状が落ち着いているとして一旦帰郷していた両親も親友知己も駆けつける暇もなかった。枕頭に居合わせたのは蝶ら数人だけだった。

●八月二日午後零時二十五分逝去…

病名は乾酪性肺炎。時刻は八月二日午後零時二十五分。八月二日は、三年前あのアムステルダムオリンピックで、人見が八百メートル走レースで死闘を演じたと同じ日でもあった。告別式は五日、大阪・阿倍野新斎場で神式で行われ、本葬は十二日、人見家の菩提寺、日蓮宗妙法寺（岡山市南区浜野）で執り行われた。法名は「高顕院妙聲日宏大姉」。

妙法寺は、旭川の西岸にあり、人見家の墓所もそこにある。絹枝のお墓は、人見家墓所の中央あたりにどっしりとたっている。絹枝は、かわいがってくれた祖母や何時も見守ってくれた両親ら家族と共に、静かに眠っている。

そして絹枝にはもう一つ大事なお墓がある。親友・蝶が、出身地の青森県八戸市にある本覚寺（八戸市）に設けた墓である。人見の遺骨を分骨して設けられたもので、蝶と共に楽しかった少女時代、二階堂体操塾時代を語り合っているのかもしれない。人見絹枝、二十四年七カ月の人生だった。

人見絹枝のお墓（岡山・妙法寺）

上部写真の裏面に
名前が刻字されている

人見絹枝デスマスク

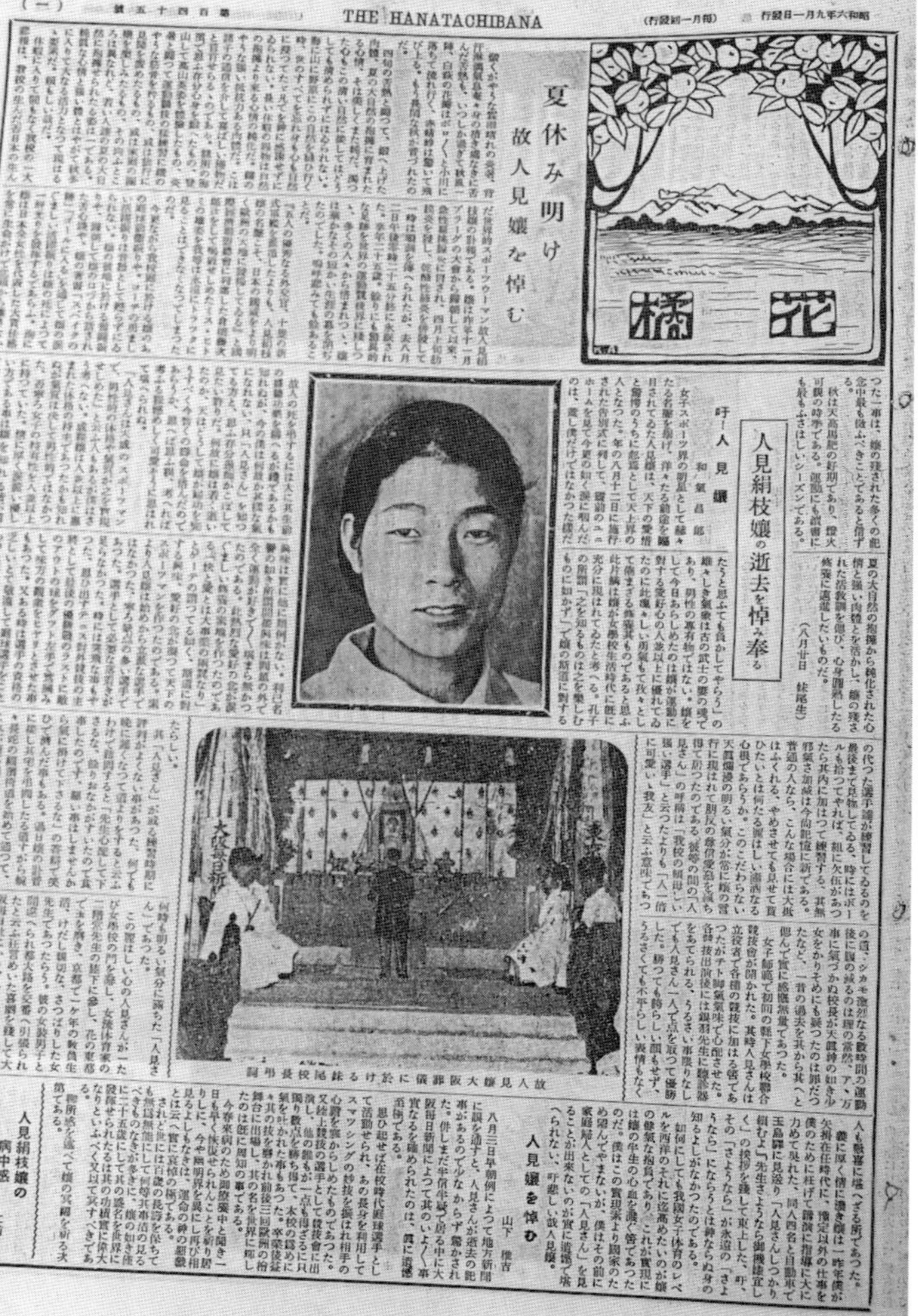

花橘

夏休み明け
故人見嬢を悼む

人見絹枝嬢の逝去を悼み奉る

吁！人見嬢
和氣昌郎

故人見嬢大阪葬儀に於ける緑尾校長弔詞

人見嬢を悼む
山下 惟吉

人見絹枝嬢の病中感 二首

岡女同窓会誌「花橘」人見絹枝追悼特集号
（昭和6年9月発行）

【参考文献】

・『スパイクの跡』（人見絹枝著、平凡社・一九二九年）
・『ゴールに入る』（人見絹枝著、一成社・一九三一年）
・最新『女子陸上競技法』（人見絹枝著、文展堂・一九二六年）
・生誕一〇〇年記念誌『人見絹枝』（日本女子体育大学・二〇〇八年）
・忘れられた孤独のメダリスト『ＫＩＮＵＥは走る』（小原敏彦著、健康ジャーナル社・二〇〇七年）
・岡山操山高等学校『創立七十年史』『創立百年史』（岡山操山高等学校・一九九九年）
・津山高等学校『津山高校百年史』上、下（津山高等学校・一九九五年）
・岡山文庫『岡山の彫像』（蓬郷巖著、日本文教出版・一九八九年）
・『福浜村誌』（福浜村・一九二七年）
・『絹枝恋い』（戸田純著、一九九〇年）
・「花橘」（岡山県岡山高等女学校・一九三一年）
・『はやての女性ランナー』（三澤光男著、不味堂出版・二〇〇五年）

略年表

西暦（和暦）	年齢	人見絹枝の主な足取り	一般社会の動き
1907年（明治40）		・人見絹枝誕生（1月1日、人見猪作・岸江の次女として）	東京株式大暴落・日露戦勝景気に幕
1913年（大正2）	6	・福浜村立福浜尋常高等小学校入学（4月）	岡山県で干ばつ被害
1920年（大正9）	13	〈岡山高等女学校〉 ・岡山県岡山高等女学校入学（4月） ・岡女の新校長に和気昌郎就任（9月） ・人見テニスを習い始め夢中になる	戦後恐慌・大不況 最初のメーデー
1921年（大正10）	14	・テニスの本選手となる（5月） ・関西女子庭球大会に出場4回戦まで進出（11月） ・県下庭球大会で宿敵女師を撃破し優勝（12月）	第7回アントワープオリンピック（4月、ベルギー）
1922年（大正11）	15	・関西女子庭球大会（10月、大阪）など各大会で好成績	第1回万国女子オリンピック（パリ）
1923年（大正12）	16	・春季大会で優勝するなどテニスで好成績続く ・第2回岡山県中等学校陸上競技大会（11月）【走幅跳4m67、日本新記録】	関東大震災（9月）

西暦（和暦）	年齢	人見絹枝の主な足取り	一般社会の動き
1924年 （大正13）	17	〈二階堂体操塾〉 ・岡山高等女学校卒業（3月） ・二階堂体操塾入塾（4月） ・岡山県主催「陸上競技講習会」に参加（8月） ・第5回岡山県陸上競技大会（10月） 【三段跳10m33の世界新】	第2次護憲運動盛り上がる 第8回パリオリンピック （5月、フランス）
1925年 （大正14）	18	・二階堂体操塾卒業（3月） ・京都市立第一高等女学校に体操教師として赴任（4月） ・二階堂体操塾に研究生として復帰（7月） ・台湾「全島女子体育講習会」に出席し実技指導（8～9月） ・第4回陸上競技選手権大会（10月、大阪） 【三段跳11m62の世界新】	治安維持法施行（3月）
1926年 （大正15・昭和元）	19	〈毎日新聞記者〉 ・二階堂体操塾の「日本女子体育専門学校」昇格決定（3月） ・「最新女子陸上競技法」出版（4月） ・大阪毎日新聞社入社 （5月、藤村てふと共に大阪に下宿）	第2回万国女子オリンピック （8月、スウェーデン） 大正天皇崩御で昭和時代に （12月）

1926年（大正15・昭和元）	19	・第3回日本女子オリンピック（5月、美吉野運動競技場）【200m27秒6日本新、走幅跳5m75日本新】 ・ハルピン特別競技大会（7月、ハルピン） ・第2回万国女子オリンピック（8月、スウェーデン・イエテボリ）【個人総合優勝、走幅跳5m50優勝】 ◎帰国後9～12月にかけて講演・実技指導（岡山、神戸、京都、名古屋、岐阜、山口、福岡、広島、松山、高松、大阪、東京他）	
1927年（昭和2）	20	・谷三三五を専任コーチに依頼（4月） ・美吉野運動競技場で合宿（4月） ・第3回女子体育大会（5月、神宮）【200m走26秒1世界新、立幅跳2m61世界新】 ・第4回日本女子オリンピック（美吉野運動競技場、5月） ◎この間各地で講演や実技指導（富山、大阪、新潟、長岡、秋田、山形他）	金融恐慌（3月）

西暦(和暦)	年齢	人見絹枝の主な足取り	一般社会の動き
1928年（昭和3）	21	・谷三三五コーチの指導で合宿（4月、美吉野運動競技場） ・第15回全日本陸上競技選手権（5月、大阪）【100m走12秒2世界新、走幅跳5m98世界新】 ・第9回アムステルダムオリンピック（8月、オランダ）【800m走で銀メダル】 ・国際大会（8月、ベルリン） ◎帰国後、9～12月各地講演・指導（福岡、佐賀、平城、京城、青森、盛岡、仙台、福島、水戸、宇都宮、千葉、東京、松本、甲府、沼津、静岡他）	初の普通選挙（2月） 第9回アムステルダムオリンピック（8月、オランダ）【男子は織田幹雄が日本初の金メダル】
1929年（昭和4）	22	・第6回日本女子オリンピック（4月）【三種競技217点世界新】 ・「スパイクの跡」出版（5月） ・第5回女子体育大会（5月）【200m走24秒7世界新】 ・大阪毎日新聞記者として張学良と会見（10月、満州・奉天） ・「戦ふまで」出版（11月）	ニューヨーク株式大暴落（10月） 世界恐慌・ファシズム台頭

1930年（昭和5）	23	・一口〝十銭募金運動〟開始（1月） ・オリンピック前合宿（5、6月、美吉野運動競技場） ・第3回万国女子オリンピック（9月、チェコ・プラハ） 【個人総合2位、走幅跳5m90優勝、日本団体4位】 ・日本・ポーランド女子対抗競技会（9月、ワルシャワ） ・日・英・独女子競技大会（9月、ベルリン） ・日本・ベルギー女子対抗（9月、ブリュッセル） ・日本・フランス女子対抗競技（9月、パリ） ・白山丸で海路帰国（11月、神戸港）	全日本体操連盟設立（4月） 岡女創立30周年記念式（5月） 第3回万国女子オリンピック（9月） 大日本連合婦人会設立（12月）
1931年（昭和6）	24	・「ゴールに入る」出版（2月） ◎この間1～3月各地で講演（大阪、名古屋、京都、四日市、津、東京、高知他） ・十三から塚口に転居（3月） ・自宅で大喀血し大阪帝国大学附属病院に緊急入院（4月） ・乾酪性肺炎のため逝去（8月2日午後零時25分）	満州事変勃発（9月）
1932年（昭和7）		・第1回人見絹枝追悼陸上競技大会（8月、関西中学グラウンド） ・人見絹枝記念碑建立（9月、チェコ・プラハ郊外オルシャンスキー記念公園墓地）	5・15事件で犬養毅首相暗殺（5月） 第10回ロサンゼルスオリンピック（7月、アメリカ）

人見と行動を共にした革製のボストンバッグ。
シールの多さが活動範囲の広さを物語る。

取材に当たって、人見家や日本女子体育大学を始め、教育やスポーツ関係の皆様にはたいへんお世話になりました。深くお礼申し上げます。ありがとうございました。

著者略歴　猪木正実（いのき・まさみ）

1945（昭和20）年3月、岡山県井原市生まれ。県立井原高校から九州国際大学法経学部卒。国際法専攻。昭和44年3月、㈱岡山日日新聞社入社。報道部で岡山市政、岡山県政、経済を担当。同56年3月、㈱瀬戸内海経済レポートに転籍。同63年4月から編集長。常務取締役を経て平成20年4月から顧問。主な著書（岡山文庫）『土光敏夫の世界』『守分 十の世界』『三木行治の世界』ほか。

岡山文庫　309　日本女子初の五輪メダリスト
伝説の人人見絹枝の世界

平成30年5月22日　初版発行

著　者	猪　木　正　実
編　集	石井編集事務所書肆亥工房
発行者	塩　見　千　秋
印刷所	株式会社二鶴堂

発行所　岡山市北区伊島町一丁目4-23　日本文教出版株式会社
電話岡山（086）252-3175㈹　振替01210-5-4180（〒700-0016）
http://www.n-bun.com/

ISBN978-4-8212-5309-8

● 岡山県の百科事典

二百万人の **岡山文庫**

○数字は品切れ

1. 岡山の植物・西原礼之助
2. 岡山の祭と踊・神野 力
(3). 岡山の焼物・桂 又三郎
(4). 岡山の古墳・鎌木義昌
5. 岡山の民家・鶴藤鹿忠
6. 岡山の文学碑・山本遺太郎
7. 岡山の仏たち・脇田秀太郎
8. 岡山の動物・松本邦夫
9. 岡山の鳥・杉 鮫太郎
10. 大原美術館・藤田慎一郎
11. 岡山後楽園・宗定克則・杉鮫太郎
12. 岡山歳時記・吉岡三平
13. 岡山の建築・巌津政右衛門
14. 瀬戸内海・緑川洋一
15. 岡山の民芸・外村吉之介
(16). 吉備路・神野 力
17. 岡山の魚・青木五郎
18. 岡山の昆虫・倉敷昆虫同好会
19. 岡山の城と城址・藤井 駿・市川俊介
(20). 岡山の果物・三宅忠一
21. 岡山の風物・岡山県広報協会
22. 吉備の女性・吉岡三平
(23). 岡山の伝説・立石憲利
24. 岡山の酒・小出 巌・西原礼之助
(25). 岡山の街道・山陽新聞社
26. 岡山の絵画・脇田秀太郎・巌津政右衛門
(27). 水島臨海工業地帯・平方与平
28. 岡山の旅・岡山県観光連盟
29. 蒜山高原・二若・富国・徳山
30. 岡山の歌謡・英 玲二
(31). 岡山の遺跡めぐり・間壁忠彦・葭子
(32). 備前焼・小山冨士夫・藤原 雄・中村昭夫
33. 岡山文学風土記・大岩徳二
(34). 美作路・小山健三
35. 岡山の俳句・塩尻青笳・島津青沙
36. 岡山音楽夜話・保田太郎
37. 閑谷学校・巌津政右衛門・坂本一夫
38. 岡山の川柳・弓削川柳社
39. 岡山の民話・岡山民話の会
(40). 岡山の刀剣・小林種次
41. 岡山の短歌・杉 鮫太郎・藤原幾太
42. 岡山の医学・中山 沃
43. 岡山の蘭草・鈴木尚夫・中村昭夫
(44). 岡山の人物・黒崎秀明
(45). 岡山の駅・難波数丸
46. 岡山の現代詩・坂本明子
47. 岡山の交通・藤沢 晋
(48). 岡山の教育・秋山和夫
(49). 備中神楽・山根堅一・坂本一夫
50. 岡山の民具・鶴藤鹿忠
(51). 岡山の宗教・長光徳和
52. 吉備津神社・藤井 駿・坂本一夫
53. 岡山の貨幣・原 三正
(54). 岡山の古戦場・多和和彦
55. 岡山の石造美術・巌津政右衛門
(56). 岡山の方言・十河直樹
57. 岡山の歴史・柴田 一
58. 岡山事物起源・吉岡三平
(59). 高梁川・宗田克巳
(60). 岡山の干拓・吉岡三平・進 昌三
61. 岡山の電信電話・萩野 秀
62. 吉備高原・宗田克巳
63. 岡山のおもちゃ・吉永義光
64. 吉井川・宗田克巳
65. 岡山の港・巌津政右衛門
66. 岡山の絵馬と扁額・脇田秀太郎
(67). 旭川・宗田克巳
68. 岡山の温泉・石井 猛・圓堂 稔
69. 岡山の県政史・蓬郷 巌
70. 岡山の道しるべ・巌津政右衛門
71. 岡山の笑い話・稲田浩二・和子
72. 美作の歌舞伎芝居・二宮朔山
(73). 岡山の民間信仰・三浦秀宥
(74). 岡山の奇人変人・蓬郷 巌
75. 岡山の食習俗・鶴藤鹿忠
76. 岡山の明治洋風建築・中力 昭
77. 山陽路の地理散歩・宗田克巳
(78). 岡山の風俗・蓬郷 巌
79. 岡山の海藻・大森長朗
(80). 岡山の書・佐藤英夫
81. 岡山浮世噺・岡 長平
82. 岡山の神社仏閣・市川俊介
83. 中国山地・三浦秀宥・竹内平吉郎
(84). 岡山の島・巌津政右衛門
85. 岡山の山と峠・宗田克巳
86. 吉備の石ぶみ・井上雄風
(87). 岡山の怪談・佐藤米司
88. 岡山の自然公園・山陽カメラクラブ
89. 岡山の漁業・西川 太
90. 岡山の天文気象・石田五郎・佐橋 謙
91. 岡山の郵便・萩野 秀
(92). 岡山の鉱物・沼野忠之
93. 岡山のふるさと村・巌津政右衛門
94. 岡山の経済散歩・吉永義光
95. 岡山の庭・山本利幸・前田勝也
96. 岡山の匠・浅原 健
97. 岡山の童うたと遊び・立石憲利
98. 岡山の衣服・福尾美夜
99. 岡山の民俗・土井卓治・佐藤米司・鶴藤鹿忠
(100). 岡山の樹木・西原礼之助・古屋野寛

101. 岡山と朝鮮・西川　宏
102. 岡山の和紙・臼井英治
103. 岡山の艶笑譚・立石憲利
104. 岡山の文学アルバム・山本遺太郎
105. 岡山の映画・松田完一
106. 岡山の石仏・巌津政右衛門
107. 岡山の橋・宗田克巳
108. 岡山のエスペラント・岡　一太
109. 岡山の狂歌・蓬郷　巌
110. 百間川・岡山の自然を守る会
111. 夢二のふるさと・真田芳夫　葛原茂樹
112. 岡山の梵鐘・川端定三郎
113. 岡山の演劇・山本遺太郎
114. 岡山話の散歩・岡　長平
115. 岡山地名考・宗田克巳
116. 岡山の戦災・野村増一
117. 岡山の町人・片山新助
118. 岡山の会陽・三浦　叶
119. 岡山の石・宗田克巳
120. 岡山の滝と渓谷・川端定三郎
121. 岡山の味風土記・岡　長平
122. 目でみる岡山の明治・巌津政右衛門
123. 岡山の散歩道 東西・佐藤米司
124. 目でみる岡山の大正・蓬郷　巌
125. 児島湾・同前峰雄
126. 岡山の庶民夜話・佐上静夫
127. 岡山の修験道の祭・川端定三郎
128. 目でみる岡山の昭和Ⅰ・蓬郷　巌
129. 岡山のふるさと雑話・佐上静夫
130. 岡山のことわざ・佐藤・次田　竹内・福尾
131. 目でみる岡山の昭和Ⅱ・蓬郷　巌
132. 瀬戸大橋・ＯＨＫ編
133. 岡山の路上観察・香川・河原
134. 岡山の相撲・二宮朔山
135. 岡山の古文献・中野美智子
136. 岡山の門・小出公大
137. 岡山の内田百閒・岡　将男
138. 岡山の彫像・蓬郷　巌
139. 岡山の名水・川端定三郎
140. 両備バス沿線・両備バス広報室
141. 岡山の明治の雑誌・片山・来田　菱川
142. 岡山の災害・蓬郷　巌
143. 岡山の看板・河原　馨
144. 由加山・原　三正
145. 岡山の祭祀遺跡・八木敏乗
146. 岡山の表町・岡山を語る会
147. 逸見東洋の世界・臼井洋輔
148. 岡山ぶらり散策・河原　馨
149. 岡山名勝負物語・久保三千雄
150. 坪田譲治の世界・善太と三平の会
151. 備前の霊場めぐり・川端定三郎
152. 藤戸・原　三正
153. 矢掛の本陣と脇本陣・武・中山・岡田　池田・柴口
154. 岡山の図書館・黒崎義博
155. 岡山の戦国時代・松本幸子
156. 岡山の資料館・河原　馨
157. カブトガニ・惣路紀通
158. 正阿弥勝義の世界・臼井洋輔
159. 木山捷平の世界・定金恒次
160. 岡山の備前ばらずし・窪田清一
161. 良寛さんと玉島・森脇正之
162. 備中の霊場めぐり・川端定三郎
163. 岡山の多層塔・小出公大
164. 六高ものがたり・小林宏行
165. 下電バス沿線・下電編集室
166. 岡山の博物館めぐり・川端定三郎
167. 岡山の民間療法(上)・鶴藤鹿忠　竹内平吉郎
168. 吉備高原都市・小出公大
169. 玉島風土記・森脇正之
170. 洋学者箕作阮甫とその一族・木村岩治
171. 夢二郷土美術館・松田　基　楢原雄一
172. 岡山のダム・川端定三郎
173. 岡山の森林公園・河原　馨
174. 宇田川家のひとびと・水田楽男
175. 岡山の民間療法(下)・鶴藤鹿忠　竹内平吉郎
176. 岡山の温泉めぐり・川端定三郎
177. 阪谷朗廬の世界・山下五樹
178. 目玉の松ちゃん・尾上松之助　中村房吉
179. 吉備ものがたり(上)・市川俊介
180. 中鉄バス沿線・中鉄バス㈱企画部
181. 飛翔と回帰－国吉康雄の西洋と東洋・小澤善雄
182. 岡山の智頭線・河原　馨
183. 出雲街道・片山　薫
184. 備中高松城の水攻め・市川俊介
185. 美作の霊場めぐり・川端定三郎
186. 吉備ものがたり(下)・市川俊介
187. 津山の散策 にし ひがし・黒田　晋　竹内平吉郎
188. 倉敷福山と安養寺・前川　満
189. 鷲羽山・山本慶一　西田正憲
190. 和気清麻呂・仙田　実
191. 岡山たべもの歳時記・鶴藤鹿忠
192. 岡山の源平合戦談・市川俊介
193. 岡山の氏神様・二宮朔山
194. 岡山の乗り物・蓬郷　巌
195. 岡山・備前地域の寺・川端定三郎
196. 岡山ハイカラ建築の旅・河原　馨
197. 牛《うし》窓《まど》を歩く・前川　満
198. 岡山のレジャー地・倉敷ぶんか倶楽部
199. 斉藤真一の世界・斉藤裕重　イシイ省三
200. 巧匠 平櫛田中・原田純彦

201. 総社の散策・神野 力・葛原克人・加藤信二
202. 岡山の路面電車・楢原雄一
203. 岡山ふだんの食事・鶴藤鹿忠
204. 岡山のふるさと市・倉敷ぶんか倶楽部
205. 岡山の流れ橋・渡邉隆男
206. 岡山の河川拓本散策・坂本亜紀児
207. 備前を歩く・前川 満
208. 岡山言葉の地図・今石元久
209. 岡山の和菓子・太郎良裕子
210. 吉備真備の世界・中山 薫
211. 柵原散策・片山 薫
212. 岡山の岩石・野瀬重人・沼野忠之
213. 岡山の能・狂言・金関 猛
214. 岡山の鏝絵・赤松壽郎
215. 山田方谷の世界・朝森 要
216. 岡山おもしろウオッチング・おかやま路上観察学会
217. 岡山の通過儀礼・鶴藤鹿忠
218. 日生を歩く・前川 満
219. 備北・美作地域の寺・川端定三郎
220. 岡山の親柱と高欄・渡邉隆男
221. 西東三鬼の世界・小見山 輝
222. 岡山の花粉症・三好・難波・岡野・山本
223. 操山を歩く・谷淵陽一
224. おかやま山陽道の拓本散策・坂本亜紀児
225. 霊山熊山・仙田 実
226. 岡山の正月儀礼・鶴藤鹿忠
227. 原子物理学の父 仁科芳雄・井上 泉・イシイ省三
228. 赤松月船の世界・定金恒次
229. 邑久を歩く・前川 満
230. 岡山の宝箱・臼井洋輔・臼井隆子
231. 平賀元義を歩く・渡部秀人・竹内佑宜
232. 岡山の中学校運動場・奥田澄二
233. おかやまの桃太郎・市川俊介
234. 岡山のイコン・植田心壮
235. 神島八十八ヶ所・坂本亜紀児
236. 倉敷ぶらり散策・倉敷ぶんか倶楽部
237. 作州津山 維新事情・竹内佑宜
238. 坂田一男と素描・妹尾克己・イシイ省三
239. 岡山の作物文化誌・臼井英治
240. 児島八十八ヶ所霊場巡り・倉敷ぶんか倶楽部
241. 岡山の花ごよみ・前川 満
242. 英語の達人・本田増次郎・小原 孝
243. 城下町勝山ぶらり散策・橋本惣司・倉敷ぶんか倶楽部
244. 高梁の散策・朝森 要
245. 薄田泣菫の世界・黒田えみ
246. 岡山の動物昔話・立石憲利・江草昭治
247. 岡山の木造校舎・河原 馨
248. 玉島界隈ぶらり散策・小野敏也・倉敷ぶんか倶楽部
249. 岡山の石橋・北脇義友
250. 哲西の先覚者・加藤章三
251. 作州画人伝・竹内佑宜
252. 笠岡諸島ぶらり散策・NPO法人かさおか島づくり海社
253. 磯崎眠亀と錦莞莚・吉原 睦
254. 岡山の考現学・おかやま路上観察学会
255. 「備中吹屋」を歩く・前川 満
256. 上道郡沖新田・安倉清博
257. 続・岡山の作物文化誌・臼井英治
258. 土光敏夫の世界・猪木正実
259. 吉備のたたら・岡山地名研究会
260. いろはで綴るボクの子供事典・赤枝郁郎
261. 民話の里 鏡野町伝説紀行・立石憲利・片田知宏
262. 笠岡界隈ぶらり散策・ぶらり笠岡友の会
263. つやま自然のふしぎ館・森本信一
264. 岡山の山野草と野生ラン・小林克己
265. 文化探検 岡山の甲冑・臼井洋輔
266. ママカリ ヒラに まったりサーラ・窪田清一
267. 岡山の駅舎・河原 馨
268. 守分 十の世界・猪木正実
269. 備中売薬・土岐隆信・木下 浩
270. 倉敷市立美術館・倉敷市立美術館
271. 津田永忠の新田開発の心・柴田 一
272. 岡山ぶらりスケッチ紀行・南 一平・網本善光
273. 倉敷美観地区 歴史と民俗・吉原 睦
274. 森田思軒の世界・倉敷ぶんか倶楽部
275. 三木行治の世界・猪木正実
276. 岡山路面電車各駅街歩き・倉敷ぶんか倶楽部
277. 赤磐きらり散策・高畑富子
278. 岡山民俗館 民具一〇〇選・岡山民俗学会
279. 笠岡市立竹喬美術館・笠岡市立竹喬美術館
280. 岡山の夏目金之助(漱石)・横山俊之・熊代正英
281. 吉備の中山を歩く・熊代哲士・熊代建治
282. 備前刀 日本刀の王者・佐藤寛介・植野哲也
283. 繊維王国おかやま今昔・猪木正実
284. 温羅伝説・中山 薫
285. 現代の歌聖 清水比庵・笠岡市立竹喬美術館
286. 鴨方往来拓本散策・坂本亜紀児
287. 玉島 旧柚木家ゆかりの人々・倉敷ぶんか倶楽部
288. カバヤ児童文庫の世界・岡 長平
289. 野﨑邸と野﨑武左衛門・猪木正実
290. 岡山の妖怪事典 妖怪編・木下 浩
291. 松村緑の世界・黒田えみ
292. 吉備線各駅ぶらり散策・倉敷ぶんか倶楽部
293. 「郷原漆器」復興の歩み・高山雅之
294. 作家たちの心のふるさと・加藤章三
295. 自画像の異彩画家 河原修平の世界・倉敷ぶんか倶楽部
296. 岡山の妖怪事典 鬼・天狗・河童編・木下 浩
297. 歴史・伝承・文学・アート 岡山の魅力再発見・柳生尚志
298. 井原石造物歴史散策・大島千鶴
299. 岡山の銀行 合併・淘汰の150年・猪木正実
300. 吹屋ベンガラ・臼井洋輔